AF448531

DE *DIÁLOGO NOCTURNO A MEDIANOCHE*

EDICIONES UNIVERSIDAD CATÓLICA DE CHILE
Vicerrectoría de Comunicaciones
Av. Libertador Bernardo O'Higgins 390, Santiago, Chile

editorialedicionesuc@uc.cl
www.ediciones.uc.cl

DE *DIÁLOGO NOCTURNO* A *MEDIANOCHE*
Edith Stein y Florencia Martínez E.

Traducción de Clemens Franken

© Inscripción Nº 2020-A-9077
Derechos reservados
Diciembre 2020
ISBN Nº 978-956-14-2747-1
ISBN digital Nº 978-956-14-2748-8

Diseño: Francisca Galilea R.
Impresor: Imprenta Salesianos S.A.

CIP-Pontificia Universidad Católica de Chile
Stein, Edith, Santa, 1891-1942, autor.
Edith Stein: de Diálogo Nocturno a Medianoche / Edith
Stein y Florencia Martínez E.; traducción de Clemens
Franken.
1.   Stein, Edith, Santa, 1891-1942.
2.   Teatro - Alemania.
3.   Teatro - Chile.
I.   t.
II.   Martínez E. Florencia, autor.
2020   792.0943 + 23   RDA

PORTADA: Montaje de *Medianoche* (2017),
fotografía de Ramón López y Edith Stein (1891-1942)
als Referentin in Wein Foto 1931, Wein.

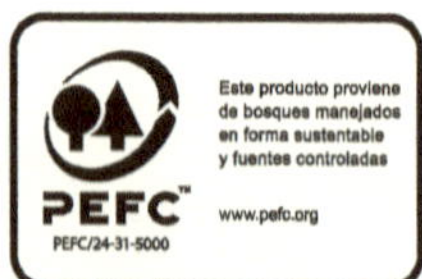

DE *DIÁLOGO NOCTURNO A MEDIANOCHE*

EDITH STEIN Y FLORENCIA MARTÍNEZ E.

Traducción de Clemens Franken

EDICIONES UC

Índice

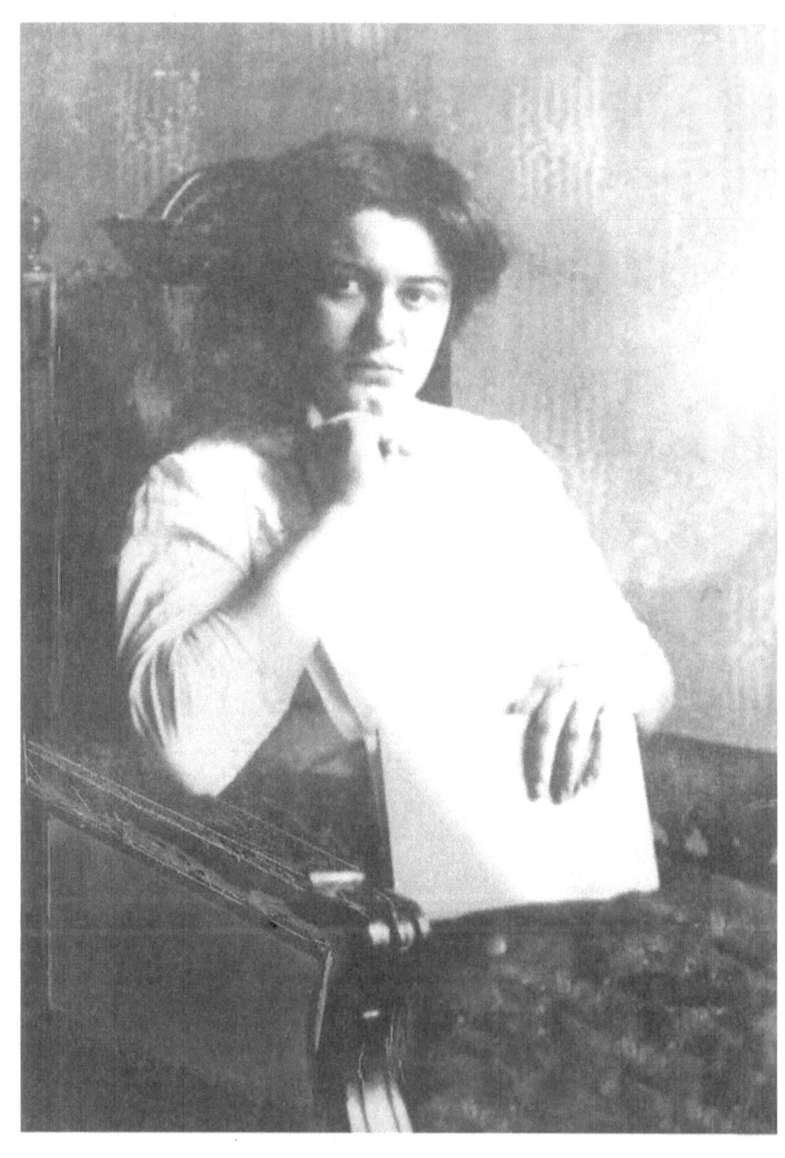

Edith Stein (1891-1942) als Studentin Göttingen.
Foto Sommer 1913, Breslau.

Nota preliminar

Diálogo nocturno es una pieza teatral escrita por la carmelita y filósofa alemana Edith Stein en 1941 un año antes de que fuera asesinada en Auschwitz. Esta obra, muchos años después y en otro hemisferio del mundo, reunió a un equipo interdisciplinario de la Pontificia Universidad Católica de Chile, con el deseo de llevarla a escena en una adaptación que diera a conocer también su vida y obra más allá de las aulas, conventos y bibliotecas.

A partir de este afán nació *Medianoche*. La investigación para el nuevo texto dramático y su puesta en escena, a cargo del director Ramón López, fue nutrida por artículos derivados del trabajo en grupo conformado por colaboradores del Centro de Estudios en Edith Stein y el Centro Teatro y Sociedad. Aprovecho de agradecer a Saide Cortés, Eva Reyes, Anneliese Meis, Juan Francisco Pinilla, Consuelo Morel, Rodrigo Canales y Ramón López por la excelente labor en esas reuniones de pensamiento, discusión y reflexión; sin todos sus aportes y miradas, *Medianoche* jamás hubiera existido.

Fue en aquellas instancias de trabajo donde también nos pareció pertinente hacer una nueva versión al castellano del *Diálogo nocturno* de Edith Stein. Todo lo conversado por nuestro equipo en las lecturas de la obra podía tener aún más capas y alcances lingüísticos e intentamos dar en nuestro idioma (como si esto fuera posible), con lo que nos pareció la palabra justa que bien sabía escoger Stein en el suyo.

Nacido de una ceremonia, el teatro es una experiencia ritual que permite la expansión de la palabra y un mensaje que contiene la ética del autor, muchas veces con formas más paganas que sacramentales, pero con un efecto igualmente removedor en el espectador. En este sentido, el montaje protagonizado por Elsa Poblete y Maureen Boys tuvo un alcance conmovedor, transmitiendo de manera potente y sensible quien fuera la excepcional Edith Stein, una mujer que persiguió el conocimiento y la verdad hasta probar sus propios límites, saltando convenciones de una época donde las mujeres no tenían espacio en las aulas y mucho menos en la Iglesia.

Stein tuvo una inquietud espiritual desde muy pequeña. Trasladó su alma del judaísmo al ateísmo, con interrogantes permanentes que desarrollaron en ella una riquísima intelectualidad. Siendo filósofa, conoció a Husserl y fue su asistente. En medio de sus estudios de fenomenología se acercó a Max Scheller y en esos encuentros comenzó su tímido acercamiento al catolicismo, pero no fue sino hasta la experiencia de la Primera Guerra Mundial, donde colaboró con labores de enfermería, que se encontró con la verdadera experiencia humana que tanto había buscado y estudiado. Luego de haber perdido a muchos amigos en la guerra, un día se topó con la autobiografía de Teresa de Ávila. Para Edith, ahí estaba armónicamente reunida toda la verdad que siempre se le presentó tan escurridiza. Comienza así en su vida una última mudanza, esta vez hacia el catolicismo. Se hizo monja carmelita y desde ahí hizo importantes estudios teológicos. Hoy es reconocida por el mundo católico como Santa Teresa Benedicta de la Cruz, patrona de Europa.

Con toda esta complejidad y una vida llena de caminos laberínticos, Edith Stein comenzó a aparecer como un personaje teatral fascinante. Llena de conflictos, preguntas y muy pocas respuestas, su vida reunía todos los elementos de un drama. De este modo, su pieza teatral *Diálogo nocturno* daba luces de lo que podría llegar a ser *Medianoche*. La obra de Stein tiene riquísimos cruces. La visita de la reina Ester a la celda de la madre superiora en el Carmelo nos pareció un llamado de intercesión que la misma autora estaba haciendo con desesperación a sus ancestros, a su vida antigua, para salvar a su pueblo de los nazis. Una vida de la que se apartó, pero que nunca abandonó porque la acompañaba como su propia sombra, como si fuese una versión nocturna e inconsciente de sí misma.

Que se publique la obra *Diálogo nocturno* junto a *Medianoche* es una muestra de lo que fue el proceso de investigación y el trabajo de montaje. Pocas veces una obra teatral tiene la oportunidad de mostrar el sinuoso camino que la lleva a su resultado escénico. A veces el proceso de creación de una obra teatral es tan fascinante y elocuente para quienes trabajamos en ello que el resultado se presenta solo como la punta de un iceberg. Por eso, la publicación de este libro es para nosotros motivo de gran alegría. Agradecemos a todos quienes han colaborado para hacer esto posible. No podemos dejar de mencionar a la Pontificia Universidad Católica de Chile que, a través de los concursos de la Dirección de Cultura de la Vicerrectoría de Investigación y de Pastoral UC, dio cuerpo a esta idea. Personalmente, quiero aprovechar de agradecer a mi amiga Emilia Noguera por haberme acercado a este proyecto.

Florencia Martínez E.

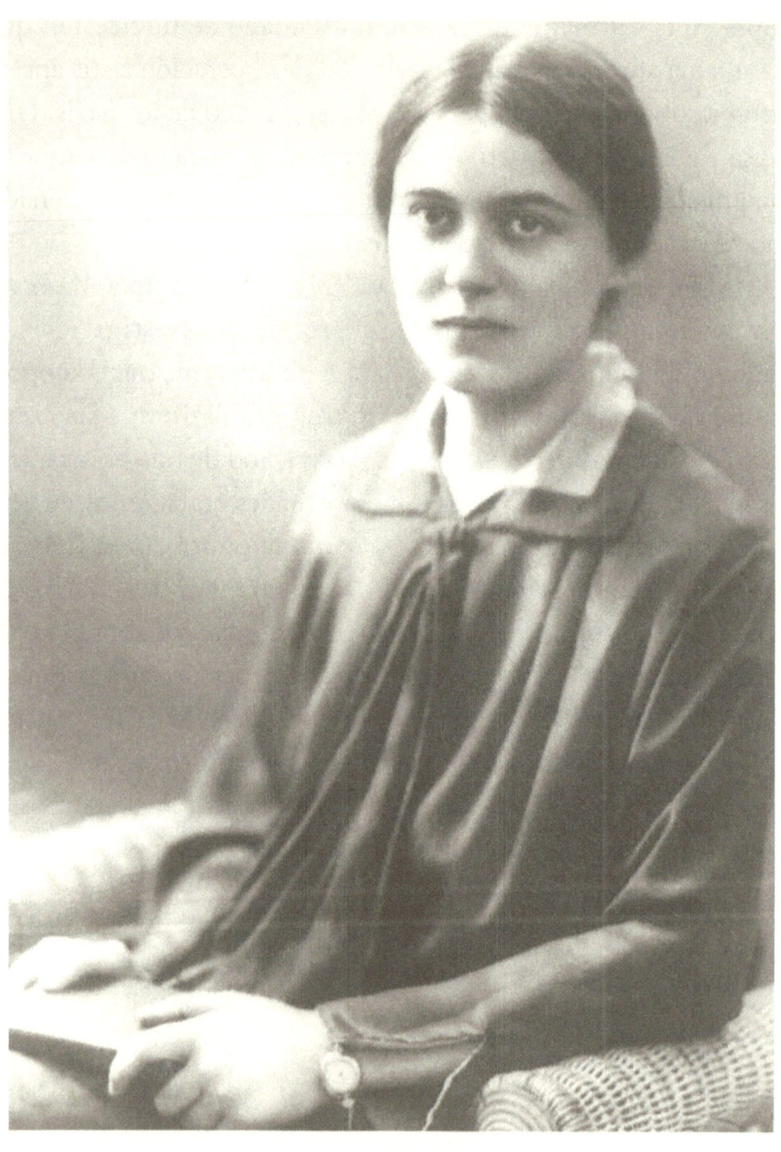

Edith Stein (1891-1942) als Lehrerin in Speyer.
Foto August 1926, Breslau.

Vorbemerkung

"Nächtliche Zwiesprache" ist ein Theaterstück von der deutschen Karmelitin und Philosophin Edith Stein, das 1941 geschriebenen wurde, ein Jahr bevor sie in Auschwitz ermordet wurde. Dieses Werk hat viele Jahre später und in einer anderen Hemisphäre eine interdisziplinäre Gruppe der Katholischen Universität von Chile vereint in dem Wunsch, es in einer Bearbeitung aufzuführen, die auch ihr Leben und Werk über die Säale, Klöster und Bibliotheken hinaus miteinbezieht.

Aus dieser Perspektive entsteht *Mitternacht*. Die Untersuchung zu dem neuen dramatischen Text und die Inszenierung unter der Leitung von Ramón López inspirierte sich in Artikeln, die Frucht der Gruppenarbeit von Mitarbeitern des Edith Stein Sudienzentrums und des Zentrums Theater und Gesellschaft waren. Ich möchte mich ganz herzlich bei Saide Cortés, Eva Reyes, Anneliese Meis, Juan Francisco Pinilla, Consuelo Morel, Rodrigo Canales und Ramón López bedanken für die exzellente Arbeit in den jeweiligen Sitzungen, wo sie nachgedacht, diskutiert und reflektiert haben; ohne ihre Beiträge und Perspektiven wäre *Mitternacht* nie zustande gekommen.

Es war auch in diesen Arbeissitzungen, wo es uns nützlich erschien, eine neue Übersetzung ins Spanische der "Nächtlichen Zwiesprache" von Edith Stein anzufertigen. Alles, was diese Arbeitsgruppe in den Lektüren dieses Werkes besprochen hat, könnte noch weitere linguistische Ebenen und Bedeutungen haben und versuchen, in unserer Sprache (als ob das möglich wäre) das richtige Wort zu finden, das Edith Stein sehr wohl in ihrer Sprache auszusuchen wusste. Diese Übersetzung präsentieren wir in diesem Buch in zweisprachiger Ausgabe.

Aus einer Zeremonie entstanden, ist das Theater eine andere rituelle Erfahrung, die uns die Wirkung des Wortes und eine Botschaft erlaubt, die in oft mehr weltlichen als sakramentalen Formen die Ethik des Autors enthält und im Zuschauer zur gleichen Zeit einen erschütternden Effekt auslöst. In diesem Sinne hat die von Elsa Poblete und Maureen Boys protagonisierte Montage eine bewegende Bedeutung erreicht und auf potente und sensible Weise mitgeteilt, wer diese aussergewöhnliche Edith Stein war. Eine Frau, die die Erkenntnis und die Wahrheit bis an ihre eigenen Grenzen gesucht hat und dabei Konventionen einer Epoche übersprungen hat, wo die Frauen weder in den Hörsäalen und noch weniger in den Kirchen Platz hatten.

Stein war von Klein an spirituell unruhig und wandelte ihre Seele vom Judentum zum Atheismus mit bleibenden offenen Fragen, die in ihr eine sehr reiche Intellualität entwickelten. Als Philosophin lernte sie Husserl kennen und war seine Assistentin. Inmitten ihrer phänomenologischen Studien näherte sie sich Max Scheler und in den Treffen mit ihm begann ihre schüchterne Annäherung an den Katholizismus. Aber es war nicht vor der Erfahrung des Ersten Weltkrieges, wo sie als Rote Kreuzschwester mitwirkte, dass sie die authentische menschliche Erfahrung, die sie so sehr gesucht und studiert hatte, machte. Nachdem sie viele Freunde im Krieg verloren hatte, stiess sie eines Tages auf die Autobiographie der Theresa von Avila. Dort fand sie die ganze Wahrheit harmonisch zusammengefügt, die sich ihr immer so ambivalent präsentiert hatte. So beginnt in ihrem Leben der letzte Wandel zum Katholizismus. Sie wurde Karmelitin und als solche hat sie wichtige theologische Beiträge geleistet. Heute ist sie in der katholischen Welt als die Heilige 'Theresia Benedicta a Cruce' ('Theresa Benedicta vom Kreuz'), Patronin Europas, bekannt.

Mit all dieser Vielfältigkeit und einem Leben voll von labyrinthischen Wegen begann Edith Stein als eine faszinierende Theaterpersönlichkeit zu erscheinen. Voll von Konflikten, Fragen und sehr wenigen Antworten, vereinigte ihr Leben alle Elemente eines Dramas. Deshalb erleuchtete ihr Theaterstück "Nächtliche Zwiesprache" den Weg für das, was *Mitternacht* sein könnte. Das Werk Edith Steins hat sehr interesante Werte; der Besuch der Königin Esther in der Zelle der Mutter Oberin im Karmel, erschien uns als ein Ruf zum Einschreiten, den die Autorin selbst mit Verzweiflung an ihre Eltern, an ihr altes Leben richtet, um ihr Volk vor den Naizs zu retten. Ein Leben, von dem sie sich zwar abgewandt, aber das sie nie verlassen hat, weil es sie mit ihrem eigenen Schatten begleitete, als ob es eine nächtliche und unbewusste Version von Edith Stein wäre.

Dass das Werk "Nächtliche Zwiesprache" zusammen mit *Mitternacht* veröffentlicht wird, ist ein Zeichen dafür, worin der Forschungsprozess und die Arbeit an der Montage bestanden. Selten hat ein Theaterstück die Gelegenheit, den kurvenreichen Weg zu zeigen, der zu dem szenischen Resultat führt. So faszinierend und eloquent ist manchmal der Prozess selbst für die, die wir ein Theaterstück schaffen, denn das Resultat erweist sich lediglich als die Spitze eines Eisberges. Deshalb ist die Veröffentlichung dieses Buches eine Realisierung, für die wir allen, die daran mitgearbeit haben, dankbar sind. Vor allem möchten wir die Katholische Universität von Chile erwähnen, die durch die Forschungswettbewerbe der Katholischen Studentengemeinde in Zusammenarbeit mit dem Vizerektorat für Forschung das Projekt möglich gemacht haben. Persönlich möchte ich mich auch bei meiner Freundin Emilia Noguera bedanken, die mich zu diesem Projekt geführt hat.

Florencia Martínez E.

Modulaciones de la noche

Modulationen der Nacht

Modulaciones de la noche

*"La noche, por el contrario, tanto la cósmica como la mística,
es algo informe e inaprensible que, en la plenitud de su sentido,
sólo sugiere sin agotar nunca su contenido. En ello se incluye una
cosmovisión completa y una perfecta concepción del ser".*

Edith Stein
Ciencia de la cruz

Introducción

Una tarde de octubre del 2018 nos reuníamos a las puertas de la Sala La Comedia, ícono del teatro independiente en Chile, en el barrio Lastarria de Santiago Centro, donde se estrenaba *Medianoche*, la adaptación libre de Florencia Martínez de la obra *Diálogo nocturno* de Edith Stein. Ahí estábamos los investigadores involucrados en el proyecto que nos había ocupado un año y medio de encuentros y de producción[1]. También concurrieron al evento personas cercanas del ámbito académico y artístico, pero sobre todo un público movido por el teatro. Era una gran apuesta presentar en las tablas no solo el núcleo

---

1   Proyecto VRI: El Diálogo nocturno de Edith Stein. Investigador responsable: Canales Contreras, Rodrigo; Coinvestigadores: Meis Wormer, Anneliese. Fecha de inicio: 04/2016; Fecha de término: 01/2018.

dramático de *Diálogo nocturno*, sino, sobre todo –y era la propuesta de *Medianoche*– a una mujer extraordinaria.

La estructura del drama del *Diálogo nocturno* de Edith Stein es simple[2]. Se trata de una visita de la reina Ester a la madre carmelita de Echt. Acontece al modo de una anunciación bíblica: entrada del personaje celestial, mensaje-respuesta y despedida[3], a lo que se puede añadir el sobresalto inicial y el develamiento paulatino del personaje y su mensaje a través del diálogo. Se trata de una fantasía de dramaturgia elaborada con la historia bíblica de Ester como núcleo, la cual, sin embargo, es reflejo de la historia de María. Declara la misma Ester: "Mi vida era solo un resplandor de la suya" (735).

Esta visita de medianoche se abre en torno al tema del "refugio" para el pueblo de Israel ante "un nuevo Amán" que amenaza su existencia (733). El paralelismo pone en diálogo la historia de la salvación con la historia contingente. Y se advierte, además, un continuo juego entre la noche y el día que vincula el devenir histórico con el día de la gloria: "La cruz despareció en la noche, pero nuestra noche fue improvisamente iluminada por una nueva luz, como no habíamos sospechado: dulce y feliz… Él mismo era la luz" (734).

Estas correspondencias suponen también una teología de la historia cuyo centro es el corazón de Cristo en la cruz, punto definitivo de convergencia para Israel y la Iglesia, las llagas del crucificado aparecen como "meta" (735) y como fuente de salvación (734).

---

2   Para las citas seguimos la edición española: EDITH STEIN, *Obras Completas V. Escritos Espirituales*. Burgos: Editorial de Espiritualidad, 2004, 729-736. Las referencias al texto alemán se toman de: EDITH STEIN, *Gesamtausgabe. Geistliche Texte II, Nächtliche Zwiesprache II*. Freiburg-Basel-Wien: Herder, 2015, 238-244.

3   BRUNO FORTE, *María, la mujer ícono del Misterio. Ensayo de mariología simbólico-narrativa*. Salamanca: Sígueme, 1993, 75.

En la magnífica visión que Ester relata confluyen la cristología y la soteriología, la mariología y la eclesiología: "él está con vosotros, os conduce al reino de su Padre… Vi a la Iglesia nacer de mi Pueblo; un tierno retoño floreciente, vi como corazón de la Iglesia a la Inmaculada…" (734-735).

La sorpresiva presencia de Ester aquella noche en el Carmelo holandés (Echt) responde en definitiva a un envío, la madre carmelita concluye: "La Reina del Carmelo te envía" (736). Por lo mismo, hay una alusión a María en el trasfondo de toda la pieza teatral que se hace patente si hacemos una lectura desde el final, resuelto el enigma de "la suplicante" nocturna. De hecho, la comprensión de la visita nocturna hace que Ester se pueda marchar y prometer un futuro encuentro "en el gran día, el de la manifestación de su gloria" (736), palabras finales de la obra que aluden explícitamente a María y retoman las del inicio, cuando la sola palabra "refugio" hace recordar a la Madre, "la Purísima, la Inmaculada…" (731), y cree que "la nocturna" es una presencia de María: "Dime, ¿no serás tú la misma Virgen Madre?" (731). Luego, la obra se abre y se cierra entorno a la figura de la Virgen María, reina del Carmelo.

Diálogo nocturno es una obra muy ceñida a las circunstancias personales de su autora, por lo cual puede considerarse ciertamente autobiográfica. Es una obra teatral no profesional escrita para ser representada por y para las monjas carmelitas de Echt, Holanda, en junio de 1941, como un homenaje a la madre superiora del convento en su onomástico (Antonia)[4]. Esto se inserta en la larga tradición poética y dramatúrgica de los claustros de las carmelitas. Edith Stein, ahora sor Teresa

---

4   Esta pieza teatral es la cuarta obra de las cinco que Edith Stein escribió siendo carmelita, durante "los cinco últimos años de su vida: una en Colonia (1938), y cuatro en Echt (1939, 1940, 1941, 1942), esto es, cada año escribió una pieza teatral; la última a menos de dos meses de su arresto y muerte" (cf. OC, V, 689)

Benedicta de la Cruz, tenía ya en este tiempo una pluma avezada en cuestiones filosóficas, pedagógicas y teológicas, además de una sólida formación humanista unida a un gusto por la dramaturgia desde su juventud.

Edith Stein murió junto a su hermana Rosa –también convertida a la fe cristiana y entrada en la vida carmelita– en agosto de 1942, luego, esta obra se sitúa al final de su vida, en momentos del recrudecimiento de la persecución nazi en Holanda. Este es el clima de la obra de teatro. De esta manera, *Diálogo nocturno* es, en primer lugar, un reflejo de la realidad donde acontece el diálogo que se establece entre Dios, tal como se comunica en la historia de Israel, y la historia de aquel presente trágico. En este sentido, podemos hablar de una biografía teológica en la medida en que se exponen los hitos de un itinerario de encuentro con Dios, pero también de una teobiografía, en cuanto es Dios mismo que se deja ver en el acontecer de una vida concreta. Esta conjunción entre vida y teología se hace evidente en la figura bíblica de la reina Ester, quien proviene de una amenaza de exterminio del pueblo judío en el pasado histórico hebreo y que entra ahora en aquel convento holandés para encontrarse con la madre priora en el presente de ese pueblo. Ambas dialogan sobre la historia fatídica, presentando la intervención divina a favor del pueblo judío relatada en la Biblia como nuevo motivo de esperanza para el presente, de modo que rezan los salmos bíblicos, tradición orante compartida por judíos y cristianos hasta la actualidad.

Es la "historia santa" de Mardoqueo, Ester, Amán y Asuero la que se ofrece como clave de interpretación del presente[5].

---

5   Sobre *Diálogo nocturno* y su relación con la adaptación libre de *Medianoche*: JUAN FRANCISCO PINILLA A. "*Diálogo nocturno* de Edith Stein" y "*Medianoche*. Teología, dramaturgia y ética", *Noche oscura*. Actas del II Congreso Mundial Sanjuanista (Burgos: Grupo Editorial Fonte/ Monte Carmelo/Universidad de la Mística/Cites, 2019), 417-430.

Como consta, Edith Stein se ha identificado expresamente con la heroína hebrea, lo que demuestra su *lectio* divina del relato bíblico, aun cuando es un libro poco recurrente en el ámbito cristiano. Se completa así el círculo interpretativo que va de la historia al texto y del texto a la historia.

El estreno de *Medianoche* suponía para el resto de los integrantes del equipo, los no "teatristas", una novedad que escapaba al trabajo de análisis, traducción y comprensión del texto. Era algo totalmente nuevo, a pesar de conocer íntegramente el parlamento. Se trataba de un auténtico producto interdisciplinario, pues cada frase contenía en sí horas de cuestionamiento entre teología y dramaturgia, donde se exponían diversas aproximaciones provenientes de distintas metodologías e intereses, y este entrecruzamiento de perspectivas daba como resultado una obra construida en un lenguaje unitario y común. Así, el relato artístico conducía inevitablemente a un encuentro personal y vital con la autora, a casi ochenta años de distancia.

En esta ocasión quiero destacar las líneas teológico-espirituales que vertebran este proyecto, dando un nuevo instrumento de profundización para una propuesta artística que trasciende ya su marco conceptual y se ofrece a la creatividad y a la sensibilidad propia de sus espectadores.

El proyecto de investigación nos conduce hacia la tridimensionalidad del teatro. No se limita al análisis de un texto, lo que va a constituir solo una primera aproximación a la obra. El horizonte de una puesta en escena conlleva una dinámica propia donde se conjugan múltiples y variados elementos expresivos y evocativos, de carácter afectivo y estéticos entre otros. Esto complejiza la reflexión en cuanto contiene ahora diversos y simultáneos registros de expresión.

Aproximación a la obra

Un camino de aproximación a la adaptación libre de Florencia Martínez sobre *Diálogo nocturno*, de Edith Stein, consiste en atender a los títulos respectivos que condensan el drama de las obras en cuestión.

a) Diálogo nocturno

En *Diálogo nocturno*, el sustantivo es el diálogo: *Zwiesprache*. Por esta razón —que no es solo formal y que se hace presente en otras obras de la fenomenóloga, como en aquella de Santo Tomás de Aquino con Edmund Husserl[6]— no se trata solo de un recurso obvio de la dramaturgia, que también puede servirse del monólogo, sino más bien de una auténtica manera de enfrentar la realidad y el acceso a la verdad. Es la asunción de la mayéutica filosófica, donde acontece la verdad.

Solo dos personajes articulan el drama. Ambas mujeres, una hebrea que viene del pasado y una católica que se halla en el presente, dialogan en un espacio donde el tiempo no transcurre linealmente. Si bien la heroína Ester viene del pasado, es peregrina que busca refugio en el devenir de la historia y a la vez presagia un futuro glorioso para su pueblo y para la Iglesia de Cristo. La madre carmelita que está en la portería del convento donde ocurre el drama, en cierto modo también viaja al pasado, que se le hace contemporáneo por sus conocimientos bíblicos y participa también de la visión del futuro que se le muestra.

---

6   Was ist Philosophie? Ein Gespräch zwischen Edmund Husserl und Thomas von Aquino en: EDITH STEIN *Werke vol. XV*. Freiburg: Herder, 1993, 19-48. En castellano la traducción de Alicia Valero M. *¿Qué es filosofía?* Madrid: Ediciones Encuentro, 2001.

El libro de Ester se encuentra en la Biblia, en la sección de libros llamados históricos que suceden al Pentateuco y se distinguen de los libros poéticos y sapienciales y de los libros proféticos, que conforman el conjunto del Antiguo Testamento.

Los hechos relatados se sitúan en el exilio persa del siglo V a. C., aunque la composición del escrito es muy posterior. Más que una crónica histórica, el libro de Ester es ejemplo de aquella literatura que anima y sostiene la fe de un pueblo perseguido. Nombrar a Ester en la obra de teatro es hacer presente un drama bien conocido por sus destinatarias: una hebrea que gracias a la conducción de su tío Mardoqueo logra llegar al poder y arriesga su vida en favor de su pueblo, intercediendo ante el rey Asuero para detener el exterminio instigado por el visir Amán. Estas son en síntesis las connotaciones bien determinadas de la figura de Ester.

Desde otro punto de vista, la reina Ester representa también, en el drama steiniano, la palabra de Dios dirigida al pueblo de Israel en primer lugar y en persona. Por lo tanto, en la aparición de Ester es Dios quien finalmente entra en diálogo con la religiosa carmelita, en las tenebrosas horas de una nueva persecución y exterminio. De este modo, la palabra de Dios hecha mujer viene al encuentro en un acontecer marcado por el odio. Y esta "encarnación" se realiza en una modalidad original: pone de relieve una valiente intercesión cuyos prolegómenos están en la astucia de Mardoqueo, quien sabe aprovechar el encanto femenino para seducir al rey[7]. Aquí se manifiesta la fuerza de la

---

7   Ester 2, 15-17: "[15] Cuando a Ester, hija de Abijail, tío de Mardoqueo, que la había adoptado por hija, le llegó el turno de presentarse al rey, solo pidió lo que le indicó Hegué, el eunuco real encargado de las mujeres. Ester se ganaba el favor de cuantos la veían. [16] Ester fue presentada al rey Asuero, en el palacio real, el mes décimo, es decir, el mes de Tébet, en el año séptimo de su reinado. [17] Al rey le gustó Ester más que las otras mujeres; halló ella, ante el rey, más gracia y

seducción como un arma que se dirige al corazón. La decisión de Ester de presentarse ante el rey sin el debido permiso –acto penado con la muerte– es el punto cúlmine de la historia:

> Ester 5. 1a: "Al tercer día, y una vez acabada su oración, se despojó de sus vestidos de orante y se vistió de reina. Recobrada su espléndida belleza, invocó a Dios, que vela sobre todos y los salva. Luego, tomando a dos siervas, se apoyó suavemente en una de ellas, mientras la otra la seguía alzando el ruedo del vestido. 1b: Iba resplandeciente, en el apogeo de su belleza, con rostro alegre como de enamorada, aunque su corazón estaba oprimido por la angustia. 1c: Franqueando todas las puertas, llegó hasta la presencia del rey. Estaba el rey sentado en su trono, revestido de las vestiduras de las ceremonias públicas, cubierto de oro y piedras preciosas y con aspecto verdaderamente impresionante. 1d: Alzando su rostro, resplandeciente de gloria, lanzó una mirada tan colmada de ira que la reina se desvaneció; perdió el color y apoyó la cabeza sobre la sierva que la precedía. 1e: Mudó entonces Dios el corazón del rey en dulzura".

Viene Ester indefensa y pobre, sometida al autoritarismo (y machismo), y se presenta a Asuero sin saber el resultado de su audacia. Podría pensarse en el arrojo de la desesperación que la impulsa a tan osada acción, pero en realidad debe comprenderse como el atrevimiento de la fe y la confianza puesta en el dios fiel de Israel. La oración de Ester, del texto griego, da claridad

---

favor que ninguna otra doncella. Así que el rey colocó la diadema real sobre la cabeza de Ester y la declaró reina, en lugar de Vastí".

sobre los motivos de su acción (Ester 4,17k-17z). También cabe preguntarse por la fuerza de la seducción como un arma no del todo inocente.

En el diálogo steiniano, lo nocturno es adjetivo, cualifica la modalidad y el ambiente donde se pronuncia la palabra. Bajo la oscuridad de la noche se simboliza el tiempo del descanso y la suma del cansancio. La madre carmelita se despierta por el timbre. Pero aún más, la oscuridad es también la guerra, la persecución, la amenaza de la muerte. Sin embargo, al interior de este clima violento emerge un diálogo que hace brillar una luz de esperanza y de victoria definitiva del plan de Dios sobre la historia humana turbulenta.

De ese modo, la noche se hace tránsito. Por una parte, es falta de luz, sin embargo, es una carencia dinámica, pues su profundidad anuncia la venidera claridad del día. En síntesis, *Diálogo nocturno* representa el drama de la esperanza cristiana sobre el mundo, como un hilo aparentemente frágil que conduce y sostiene el complejo entramado del devenir de la historia humana acorde al plan de Dios.

b) Medianoche

En *Medianoche* de la dramaturga Florencia Martínez, la noche del *Diálogo nocturno* se sustantiva. La medianoche corresponde al punto de inflexión entre la noche y el día, en consonancia con la división tripartita de la noche propuesta por san Juan de la Cruz, autor obligado en el símbolo nocturno, en lo que respecta al "tránsito" de la unión del alma con Dios[8]. La noche adquiere

---

8   Edith Stein. *Ciencia de la cruz*: "Estamos ahora en disposición de comprender la diferencia que existe entre el carácter simbólico de la Cruz y la Noche. La Cruz es símbolo de todo lo que causal o históricamente depende de la de Cristo. Noche es la necesaria expresión cósmica de la mística cosmovisión de san Juan de la Cruz. La nota predominante

así un protagonismo transversal en la obra, y abre aún más la riqueza de su copiosa simbología múltiple[9]: tiempo, oscuridad, paz y temor; silencio y diálogo, intimidad, recuerdos, soledades y presencias, quietud y espera...

La presente adaptación libre sobre la obra steiniana ha surgido frente al desafío de comunicar el drama steiniano en las claves de la dramaturgia contemporánea, de manera que la obra *Diálogo nocturno* se convierte en el núcleo en torno al cual se desarrolla un ambiente vital biográfico con los hitos más esenciales de su autora. A esto contribuye creativamente el recurso del desdoblamiento de la misma actriz que representa sucesivamente a la reina Ester y a la madre de Edith Stein, en una metamorfosis que ocurre frente a los ojos de los espectadores. La madre carmelita de la obra original es reemplazada aquí por la misma Edith Stein, lo que crea un triángulo de protagonistas: la madre, la reina y Edith Stein como carmelita, lo que da cuenta de la óptica biográfica que adquiere relevancia para iluminar el texto base steiniano y también de cierta orientación

---

del simbolismo de la Noche es una prueba de que en los escritos del Santo Doctor no es el teólogo sino el poeta y el místico el que habla, por más que también el teólogo controla concienzudamente los pensamientos y las palabras".

9   Edith Stein. *Ciencia de la cruz*: "Hay también una suave claridad nocturna del espíritu en la cual el alma, libre de la esclavitud de los negocios cotidianos, se siente a un tiempo distraída y reconcentrada en una profunda armonía de su ser y de su vida entre el mundo y el trasmundo. Y hay en la paz de la noche un profundo y agradecido descanso". "Hay que pensar en todo esto si queremos comprender el simbolismo de la noche en san Juan de la Cruz. Por los testigos de su vida y por sus propias poesías, sabemos que era extraordinariamente sensible a la noche cósmica con todos sus matices. Pasaba noches enteras en la ventana, perdida la mirada en el amplio panorama o en el vacío. Y encuentra para describir la noche expresiones que no han sido igualadas por ningún poeta".

psicoanalítica en esta comprensión del drama. A su vez, por medio de sus relatos las protagonistas traen al presente una serie de otros personajes. Entramos así en una especie de galería de espejos donde cada imagen proyecta su luz y aporta en la construcción de los mismos personajes. En los efectos especiales se ve precisamente un desfile de rostros que hace real el drama. Es notable que esta determinación de lo biográfico, lejos de restringir a lo particular, logra una capacidad de identificación universal en la medida en que cada biografía es fruto de muchas otras en una articulación infinita.

Este recurso es posible, también, gracias a la indeterminación de los límites que impone el mismo fenómeno de la noche, en la forma en que se encuentra presente en la descripción steiniana en la obra *Ciencia de la cruz*[10]. Esto da pie al juego de las libertades oníricas y a las resonancias del mundo del inconsciente, lo que, a su vez, redunda en un mayor espacio para muchos diálogos históricos.

La obra comienza cuando sor Teresa Benedicta de la Cruz (Edith Stein) escribe una carta dirigida a su madre, quien para la época de composición de *Diálogo nocturno* (1941) ya había fallecido. La fecha de defunción de la madre coincidió con la renovación de sus votos temporales como carmelita, en 1936. Dirigirse a su madre desde el claustro del carmelo simboliza retomar su biografía: Edith ha hecho una opción de vida que la ha separado de la fe de su madre y de su tradición religiosa y cultural. Es una ruptura que inaugura una nueva continuidad. Volverse hacia la madre puede, entonces, comprenderse como un atender a sus raíces hebreas para florecer con vigor en el aciago día del drama. Mirar hacia ella es en cierto modo retomar a la madre Israel. Edith reconoce su origen hebreo que la

---

10 Última obra de Edith Stein, escrita como contribución al centenario del nacimiento de san Juan de la Cruz.

emparienta también con Jesús, María y la Iglesia naciente. Asumirá su destino bajo el dominio nazi como una representación de su pueblo, y ofrecerá su vida por su pueblo, que es también su nuevo pueblo, la Iglesia.

La noche en *Ciencia de la cruz* de Stein

Hay un texto de Edith Stein en *Ciencia de la cruz* que requiere nuestra particular atención, precisamente en la comprensión que ella hace de la noche mística sanjuanista, a partir de la "experiencia simbólica" que le ofrece la noche cósmica:

> "La noche, en cambio, es algo natural: lo contrario de la luz que a nosotros y a todas las cosas envuelve. No es propiamente un objeto en el sentido literal de la palabra. No está delante de nosotros y ni siquiera se sostiene por sí misma. No es tampoco una imagen, entendida como figura visible. Es invisible e informe. Y, sin embargo, la percibimos verdaderamente y está más próxima a nosotros que todas las formas y figuras, está más propiamente unida con nuestro ser. Como la luz penetra con sus propiedades visibles todas las cosas, de la misma manera se las traga la noche y amenaza con tragarnos a nosotros también".

Se trata de un texto de gran densidad, donde se destaca el aspecto informe e invisible de la noche con la amenaza que eso representa para nosotros. Lo más notable es la noche en cuanto interioridad o sus efectos:

> "Lo que en ella se hunde es algo más que nada: continúa existiendo, pero indeterminado, invisible e

informe como la noche misma o como una sombra, un fantasma y, por ello, como algo amenazador. En ella no sólo está amenazado exteriormente nuestro ser por peligros ocultos en la noche, sino también interiormente afectados por la noche misma. Nos priva del uso de los sentidos, impide nuestros movimientos, reduce nuestras fuerzas y nos arroja a la soledad convirtiéndonos a nosotros mismos en sombras y fantasmas".

Esta noche, en definitiva, "es como un preludio de la muerte y todo esto no tiene solamente un significado vital sino también anímico y espiritual".

Nos parece que este texto, donde Stein busca relacionar cruz y noche, revela algunos aspectos que se desarrollan en *Medianoche*, en cuanto aperturas de trascendencia que suscita esta teobiografía.

Cabe destacar que Edith Stein interpreta el símbolo de la noche como "una cosmovisión completa y una perfecta concepción del ser" de san Juan de la Cruz. Luego, hay una perspectiva filosófica fundamental. Claro está, se supone toda la riqueza del símbolo que tiende a transfigurarse él mismo en luz. Ver el mundo de noche es ver el mundo en tensión y en una apertura a lo invisible.

Ahora bien, en este mismo texto Edith Stein reconoce en la noche cósmica y sus efectos un "doble aspecto", que también se muestra en el simbolismo de la noche en la obra de san Juan de la Cruz, la noche iluminada y la noche oscura:

"Frente a la noche oscura y espantosa está el embrujo de las noches de luna que la penetra con un suave y delicado resplandor. No se traga las cosas, sino que las deja brillar con aspecto nocturno. Todo lo duro, lo áspero y penetrante es moderado y suavizado y aparecen rasgos esenciales de las cosas que no se ven a la luz del día. Se escuchan también voces que el ruido del día amortigua y hace enmudecer. Mas no solamente la noche iluminada tiene sus encantos, sino que podemos igualmente encontrarlos en la noche oscura. Da fin a la prisa y al ajetreo del día y nos trae el descanso y la paz. Estos mismos efectos causa la noche, entendida en sentido anímico-espiritual. Hay también una suave claridad nocturna del espíritu en la cual el alma, libre de la esclavitud de los negocios cotidianos, se siente a un tiempo distraída y reconcentrada en una profunda armonía de su ser y de su vida entre el mundo y el trasmundo. Y hay en la paz de la noche un profundo y agradecido descanso".

Hay que añadir la distinción que viene haciendo acerca del triple sentido anímico, vital y espiritual que tiene la noche, lo que es acorde al carácter transformador propio del símbolo.

De ahí que la autora quiera precisar que: "Cuando Juan, el pensador, habla de la noche en sus tratados, detrás de sus palabras se encuentra lo que esta expresión significa para el hombre y el poeta[11]".

Respecto a la noche mística afirma que:

"No debe entenderse cósmicamente. No tiene su origen fuera del alma, sino que brota de sus mismas entrañas y afecta solo al alma de donde nace. Pero

---

11 Insistirá sobre el punto al final de estos párrafos: "La nota predominante del simbolismo de la noche es una prueba de que en los escritos del Santo Doctor no es el teólogo sino el poeta y el místico el que habla, por más que también el teólogo controla concienzudamente los pensamientos y las palabras".

los efectos que opera en el interior, son semejantes a los de la noche cósmica: implica un hundimiento del mundo exterior, aunque el exterior se encuentre en la plena luz del día. Establece el alma en la soledad, la aridez y el vacío, liga la actividad de sus fuerzas y la angustia con los terrores amenazadores que en ella se ocultan. Sin embargo, también hay una luz en la noche, que descubre un nuevo mundo en lo más hondo del alma, y, en cierto modo, ilumina desde dentro el mundo exterior que se nos devuelve completamente transformado.

La fenomenóloga estaca la "íntima analogía" que se establece entre la noche cósmica y la noche mística. Entre ambas:

"hay que pensar en la relación de una expresión simbólica, como la que existe generalmente entre lo sensible y lo espiritual: de la misma manera que la fisonomía y los gestos son expresión de la personalidad y de la vida anímica y, al igual de como muchas veces lo espiritual, y aun el mismo Dios, se revelan en la naturaleza. Se trata de una comunidad de origen y una objetiva analogía que hace a lo sensible apropiado para revelar lo espiritual".

Finalmente retoma las primeras afirmaciones acerca de la noche: "La noche, [...] tanto la cósmica como la mística, es algo informe e inaprensible que, en la plenitud de su sentido, solo sugiere sin agotar nunca su contenido".

Pero da un salto a una profunda comprensión de tipo filosófica:

> "En ello se incluye una cosmovisión completa y una perfecta concepción del ser. Un algo inaprensible es común a ambas que, sin embargo, resulta tan claro como para que por medio de la una podamos descubrir a la otra para la que sirve de camino, no por una elección intencionada y por una comparación pensada de antemano, sino sólo a través de la experiencia simbólica, que tropieza con la dependencia primitiva, y por ello, se encuentra una expresión gráfica que le es necesaria para manifestar lo que no puede expresarse en abstracto. Y con esto puede distinguir "la diferencia que existe entre el carácter simbólico de la cruz y la noche. La cruz es símbolo de todo lo que causal o históricamente depende de la de Cristo. Noche es la necesaria expresión cósmica de la mística cosmovisión de san Juan de la Cruz".

Noche como "la necesaria expresión cósmica de la mística cosmovisión de Juan de la Cruz", es una afirmación muy contundente de este texto. Nos sitúa ante una cosmovisión, es decir, una mirada totalizadora e interpretadora de la realidad desde la experiencia mística que se deja expresar en el lenguaje del artista y, por lo tanto, clama por una racionalidad sensible y abierta al carácter nocturno que entraña toda realidad.

Estos aspectos nocturnos se hacen evidentes en *Medianoche* de Florencia Martínez. Luego, su recreación y la puesta en escena tienen un trasfondo que impacta por la sintonía que establece con sus espectadores; allí se presenta una vida en sus múltiples contornos nocturnos, de misterio, a la vez que en sus rasgos esenciales que la luz del día oculta.

Por lo tanto, no solo el drama personal e histórico señalado por Stein en su *Diálogo nocturno*, sino la misma noche, alcanza aquí su protagonismo como interpelación a un más allá de la claridad evidente de la razón diurna, hacia un abismo de realidad, "un algo inaprensible" en que cada vida se desarrolla y que apenas vislumbramos.

Juan Francisco Pinilla A.
Profesor de la Facultad de Teología
Universidad Católica de Chile.
Director Centro UC Estudios
Interdisciplinarios en Edith Stein

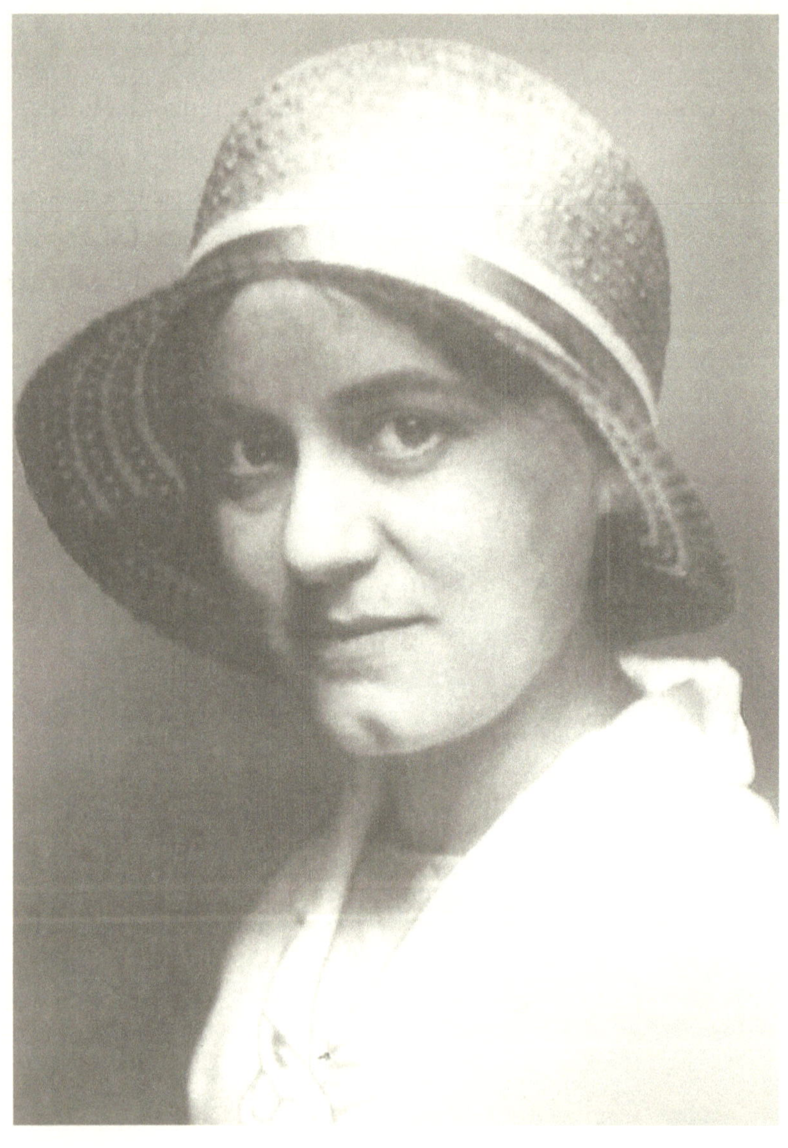

Edith Stein (1891-1942) als Lehrerin in Speyer Foto ca. 1928, Speyer.

Modulationen der Nacht

"Die Nacht aber, die kosmische wie die mystische, ist etwas
Gestaltloses und etwas Umfassendes, was sich in der Fülle
seines Sinnes nur andeuten, aber nicht ausschöpfen läßt. Eine
ganze Weltsicht und Daseinsverfassung ist darin beschlossen."

Edith Stein
Kreuzeswissenschaft

Einführung

An einem Nachmittag im Oktober 2018 versammelten wir
uns im Zentrum von Santiago (Lastarriaviertel) vor den
Türen des Sala de Comedia, Symbol des unabhängigen Theaters
in Chile, wo *Mitternacht*, Florencia Martínez' freie Bearbeitung
des Steinschen Werkes "Nächtliche Zwiesprache", uraufgeführt
wurde. Dorthin kamen die im Projekt[1] integrierten Forscher,
die sich eineinhalb Jahre lang in Sitzungen und Proben damit
beschäftigt hatten. Es kamen auch uns nahestehende Personen
aus Akademiker– und Künstlerkreisen, aber vor allem am Theater interessiertes Publikum. Es handelte sich um ein grosses
Wagnis, auf der Bühne nicht nur den dramatischen Kern der

---

1   Projekt VRI: Der nächtliche Dialog von Edith Stein. (Verantwortli-
    cher Forscher: Rodrigo Canales Contreras; Mit-Forscherin: Anneliese
    Meis Wormer. Beginn: 4/2016; Ende: 01/2018).

kurzen "Nächtlichen Zwiesprache" zu präsentieren, sondern vor allem eine aussergewöhnliche Frau in dem von Florencia Martínez vorgeschlagenen Werk *Mitternacht.*

Die Struktur des Dramas "Nächtliche Zwiesprache"[2] von Edith Stein ist einfach. Es handelt sich um den Besuch der Königin Esther bei der Mutter Oberin der Karmelitinnen von Echt. Die Dinge ereignen sich nach der Art einer biblischen Ankündigung: Eintritt der himmlischen Persönlichkeit, Botschaft-Antwort und Verabschiedung[3], wozu man noch die anfängliche Überraschung, die allmähliche Entschleierung der Persönlichkeit und die Botschaft der Dialoge hinzufügen könnte. Es handelt sich um eine dramaturgische Phantasie auf dem Hintergrund der biblischen Geschichte von Esther als Kern, die jedoch die Geschichte Mariens widerspiegelt. Esther selbst erklärt: "Mein Leben war nur ein Widerschein ihres Lebens".

Dieser mitternächtliche Besuch öffnet sich im Zusammenhang mit dem Thema des "Schutzes" für das israelitische Volk im Angesicht "eines neuen Haman", der ihre Existenz bedroht. Der Parallelismus setzt die Geschichte der Erlösung in Dialog mit der kontingenten Geschichte. Und man bemerkt ausserdem ein Spiel zwischen der Nacht und dem Tag, das die historische Zukunft mit dem Tag der Verherrlichung verbindet: "Das Kreuz verschwand in der Nacht, aber unsere Nacht wurde überraschend von einen neuen Licht erleuchtet, wie wir es nicht erwartet hatten: süss und zufrieden ... Er selbst war das Licht".

---

2   STEIN, EDITH. *Gesamtausgabe. Geistliche Texte II: "Nächtliche Zwiesprache"* (Freiburg-Basel-Wien: Herder, 2015), 238-244. (Spanische Übersetzung in: STEIN, EDITH. *Obras Completas V. Escritos Espirituales.* Burgos: Editorial de Espiritualidad, 2004. 729-736).

3   FORTE, BRUNO. *María, la mujer ícono del Misterio. Ensayo de mariología simbólico-narrativa.* Salamanca: Sígueme, 1993.

Diese Korrespondenzen setzen auch eine Geschichtstheologie voraus, deren Zentrum das gekreuzigte Herz Christi ist, definitiver Konvergenzpunkt für Israel und die Kirche, die Wunden des Gekreuzigten erscheinen als "Ziel" und Quelle der Erlösung.

In der wunderbaren Vision, die Esther erzählt, fliessen Christologie und Soteriologie, Mariologie und Ekklesiologie zusammen: "Er ist unter euch, er führt euch ins Reich des Vaters (...) Ich sah die Kirche aus meinem Volk hervorgehen; eine liebliche und blühende Frucht, ich sah die Unbefleckte Jungfrau Maria als Herz der Kirche, (...)".

Die überraschende Präsenz Esthers in jener Nacht im holländischen Karmel (Echt) entspricht definitiv einer Mission, weshalb die Mutter Oberin der Karmelitinnen schliesst: "Die Königin des Karmel hat Dich gesandt". Deshalb gibt es auch im Hintergrund des gesamten Theaterstücks einen Hinweis auf María, der deutlich wird, wenn wir das Stück vom Ende her lesen, als das Rätsel der nächtlichen "Fürbitterin" gelöst ist. In der Tat, das Verständnis des nächtlichen Besuchs bewirkt, dass Esther gehen und ein zukünftiges Treffen "an dem grossen Tag der Manifestation seiner Herrlichkeit" versprechen kann; abschliessende Worte des Werkes, die explizit auf Maria hinweisen und die Worte zu Beginn des Werkes aufnehmen, wo das einzige Wort "Zuflucht" an die Mutter denken lässt, an die "die Reinste, Unbefleckte ...". Esther glaubt deshalb auch, dass die "nächtliche" eine Präsenz Mariens ist: "Sag mir, bist du nicht selbst die Jungfrau Maria?" Das Werk öffnet und schliesst sich im Zusammenhang mit der Gottesmutter Maria, Königin des Karmel.

"Nächtliche Zwiesprache" ist ein sehr auf die persönlichen Umstände der Autorin zugeschnittenes Theaterstück, weshalb es wohl auch als autobiographisch bezeichnet werden darf. Es ist ein nicht professionelles Theaterstück, das von und für die Karmelitinnen von Echt, Holland, im Juni 1941 zu Ehren der Mutter Oberin des Klosters an ihrem Namenstag (Antonie)[4] präsentiert werden sollte. Damit reiht es sich in eine lange poetische und dramaturgische Tradition der Klöster des Karmel ein. Edith Stein, nun Schwester Teresa Benedicta vom Kreuz genannt, hatte in dieser Zeit schon eine fortgeschrittene Feder in philosophischen, pädagogischen und theologischen Fragen; ausserdem hatte sie eine solide humanistische Ausbildung vereint mit einen von früh an entwickelten Sinn für die Dramaturgie.

Edith Stein starb im August 1942 zusammen mit ihrer auch zum christlichen Glauben konvertierten und in den Karmel eingetretenen Schwester Rosa, weshalb dieses Theaterstück zeitlich am Ende ihres Lebens situiert ist, d. h. in Momenten der Verstärkung der nationalsozialistischen Verfolgung der Juden in Holland. Das ist das Klima dieses Theaterstückes. Auf diese Weise ist "Nächtliche Zwiesprache" zu allererst eine Spiegelung der Realität, wo der Dialog zwischen Gott, wie er sich in der Geschichte Israels mitteilt, und der Geschichte der tragischen Gegenwart stattfindet. In diesem Sinne können wir von einer theologischen Biographie sprechen, in dem Grade wie die Meilensteine eines Weges der Begegnung mit Gott dargestellt werden. Aber es handelt sich auch um eine Theobiographie, insofern Gott selbst sich in der Figur der Königin Esther gegenwärtig macht, die von einer Zerstörungsbedrohung des jüdischen Volkes in der geschichtlichen Vergangenheit Israels herkommt, und die nun in dieses holländische Kloster eintritt, um sich mit der Mutter Oberin in der Gegenwart Israels zu

---

4   Dieses Theatertstück ist das vierte von fünf, die Edith Stein als Karmelitin in "den letzten fünf Jahren ihres Lebens (schrieb): eins in Köln (1938) und vier in Echt (1939, 1940, 1941, 1942), das heisst, jedes Jahr schrieb sie ein Theaterstück".

treffen. Beide sprechen über die fatale Geschichte und präsentieren das göttliche Einschreiten in der Vergangenheit Israels als ein neues Motiv der Hoffnung für die Gegenwart in der Art wie die biblischen Psalmen beten; eine Gebetstradition, die Juden und Christen bis heute miteinander teilen.

Es handelt sich um die "heilige Geschichte" von Mardochai, Esther, Haman und Ahasveros, die als Schlüssel für die Interpretation der Gegenwart[5] angeboten wird. Wie man weiss, hat sich Edith Stein ausdrücklich mit der hebräischen Heldin identifiziert, was ihre spirituelle Lektüre der biblischen Geschichte zeigt, auch wenn es sich um einen in christlichen Kreisen wenig bekannten Text handelt. So vollendet sich der interpretative Kreis, der von der Geschichte zum Text und vom Text zur Geschichte geht.

Die Uraufführung von *Mitternacht* bedeutete für den nicht theatralischen Teil der interdisziplinären Gruppe eine Neuigkeit, die über die Gruppenanalyse, Übersetzung und das Verständnis des Textes hinausging. Es war etwas total Neues, obwohl der Text uns völlig bekannt war. Es handelte sich um ein authentisches interdisziplinäres Produkt, denn jede Phase beanspruchte Stunden der gegenseitigen Infragestellung von Theologie und Dramaturgie, wo die unterschiedlichen Annäherungen, die von verschiedenen Methodologien und Interessen kamen, dargestellt wurden. Und dieser Perspektivenaustausch hatte als Resultat ein Werk von einheitlicher Umgangssprache. Aber der künstlerische Diskurs führte unvermeidlich zu einer persönlichen und vitalen Begegnung mit der Autorin Edith Stein, von der uns achtzig Jahre trennen.

---

5   Vgl. zur "Nächtlichen Zwiesprache" und seiner Beziehung zur freien Bearbeitung von *Mitternacht*: PINILLA A., JUAN FRANCISCO. "'Diálogo Nocturno' de Edith Stein y 'Medianoche'. Teología, dramaturgia y ética', eine auf dem II. Congreso Sanjuanista (Universidad de la Mística, Avila, September 2018) präsentierte Kommunikation.

Das Forschungsprojekt führt uns zur Dreidimensionalität des Theaters. Es beschränkt sich nicht auf die Analyse eines Textes, die nur eine erste Annährerung an das Werk bedeutet. Der Horizont einer Inszenierung bringt eine eigene Dynamik mit sich, in der sich mehrere verschiedene expressive und evokative, affektive und ästhetische Elemente gegenseitig durchdringen. Das macht die Reflektion komplizierter, da sie nun verschiedene und simultane Ausdrucksregister enthält.

Annäherung an das Werk"

Ein Weg der Annäherung an die freie Bearbeitung Florencia Martínez' von Edith Steins "Nächtliche Zwiesprache" besteht darin, die entsprechenden Titel zu analysieren, die die Dramatik der besprochenen Werke zusammenfassen.

a) "Nächtliche Zwiesprache"

In "Nächtliche Zwiesprache" ist das Substantiv der Dialog: *Zwiesprache*. Aus diesem Grunde, der nicht nur formal ist und sich in anderen Werken der Phänomenologie wie in demjenigen vom Hl. Thomas von Aquin mit Edmund Husserl[6] präsentiert, handelt es sich nicht nur um einen offensichtlichen Rückgriff auf die Dramaturgie, die auch den Monolog gebrauchen kann, sondern um eine authentische Art und Weise, der Wirklichkeit und dem Zugang zur Wahrheit zu begegnen. Es ist Aufnahme der philosophischen Majeutik, wo die Wahrheit sich ereignet.

---

6   Was ist Philosophie? Ein Gespräch zwischen Edmund Husserl und Thomas von Aquin, in: STEIN, EDITH. Werke, vol. XV. Freiburg: Herder, 1993. 19-48. Im Spanischen gibt es die Übersetzung von Alicia Valero M. ¿Qué es filosofía? Madrid: Encuentro, 2001.

Nur zwei Personen artikulieren das Drama. Beide Frauen, eine Hebräerin, die aus der Vergangenheit kommt, und eine Katholikin, die sich in der Gegenwart befindet, sprechen in einem Raum miteinander, wo die Zeit nicht lineal verläuft. Die Heldin Esther, auch wenn sie aus der Vergangenheit kommt, ist eine Pilgerin, die im Verlauf der Geschichte Schutz sucht, und gleichzeitig eine glorreiche Zukunft für ihr Volk und die Kirche Christi voraussagt. Die karmelitische Mutter Oberin, die an der Klosterpforte steht, wo das Drama stattfindet, reist ihrerseits auf gewisse Weise in die Vergangenheit, die zur Gegenwart wird durch ihre Kenntnisse der Bibel, und nimmt auch teil an der Zukunftsvision, die man ihr zeigt.

Das Buch *Esther* findet man in der Bibel in der Sektion der historischen Bücher, die dem Pentateuch folgen und sich von den poetischen, prophetischen und Weisheitsbüchern unterscheiden, die den gesamten Inhalt des Alten Testaments bilden.

Die erzählten Geschichten gehören zum persischen Exil des fünften Jahrhunderts vor Christus, auch wenn die Redaktion erst viel später erfolgte. Mehr als eine historische Chronik ist das Buch *Esther* ein Beispiel für diejenige Literatur, die den Glauben eines verfolgten Volkes inspiriert und aufrecht erhält. Den Namen Esther in einem Theaterstück nennen, heisst ein den Empfängern wohl bekanntes Drama vergegenwärtigen: eine Hebräerin, die dank der Führung ihres Onkels Mardochai an die Macht kommt und es wagt, ihr Leben für das ihres Volkes aufs Spiel zu setzen, indem sie sich bei dem König Ahasveros dafür einsetzt, die von Haman angestachelte Vertilgung der Juden zu unterbinden. Diese sind synthetisch zusammengefasst die klar festgelegten Konturen der Gestalt.

Aus anderer Perspektive repräsentiert die Königin Esther auch im Steinschen Drama das zuerst und persönlich an Israel gerichtete Wort Gottes. Deshalb tritt in der Erscheinung der Esther schliesslich Gott in den schrecklichen Stunden der erneuten Verfolgung und Vernichtung in den Dialog mit der Karmelitin ein. Auf diese Weise wird das fraugewordene Wort Gottes in einem vom Hass geprägten Geschehen offenbar. Und diese "Fleischwerdung" realisiert sich in einer originellen Modalität. Es wird ein tapferes Einschreiten hervorgehoben, dessen Prolegomena in der Verschlagenheit Mardochais besteht, der die fraulichen Reize, um den König[7] zu verführen, auszunutzen weiss. Die Verführungsmacht über den Mann ist hier eine Macht, die wir von der Schwäche her als eine Waffe bezeichnen können, die auf das Herz gerichtet ist. Die Entscheidung Esthers, sich vor dem König ohne die notwendige Erlaubnis zu präsentieren, was mit dem Tode bestraft wurde, ist der Höhepunkt der Geschichte:

> Esther 5, 1: Und am dritten Tage zog sich Esther königlich an und trat in den inneren Hof am Hause des Königs gegenüber dem Hause des Königs. Und der König saß auf seinem königlichen Stuhl im königlichen Hause, gegenüber der Tür des Hauses. 5:2 Und da der König sah Esther, die Königin, stehen im Hofe, fand sie Gnade vor seinen Augen. Und

---

7   Vgl. Ester 2, 15-17: "[15] Da nun die Zeit Esthers herankam, der Tochter Abihails, des Oheims Mardochais (die er zur Tochter hatte aufgenommen), daß sie zum König kommen sollte, begehrte sie nichts, denn was Hegai, des Königs Kämmerer, der Weiber Hüter, sprach. Und Esther fand Gnade vor allen, die sie ansahen.

[16] Es ward aber Esther genommen zum König Ahasveros ins königliche Haus im zehnten Monat, der da heißt Tebeth, im siebenten Jahr seines Königreichs.

[17] Und der König gewann Esther lieb über alle Weiber, und sie fand Gnade und Barmherzigkeit vor ihm vor allen Jungfrauen. Und er setzte die königliche Krone auf ihr Haupt und machte sie zur Königin an Vasthis Statt.

der König reckte das goldene Zepter in seiner Hand gegen Esther. Da trat Esther herzu und rührte die Spitze des Zepters an. 5:3 Da sprach der König zu ihr: Was ist dir, Esther, Königin? und was forderst du? Auch die Hälfte des Königreichs soll dir gegeben werden.

Die wehrlose, arme und dem 'machistischen' Autoritarismus ausgesetzte Esther kommt und präsentiert sich vor dem König Ahasveros, ohne das Ergebnis ihrer Waghalsigkeit zu kennen. Man könnte an die Situation der Verzweiflung denken, die sie zu dieser gewagten Aktion geführt hat, aber in Wirklichkeit muss man es als ein Glaubenswagnis und einen Vertrauensakt auf den Gott Israels verstehen. Das Gebet Esthers im griechischen Text gibt uns Klarheit über die Motive ihres Handelns (Esther 4,17k-17z). Auch sollte man noch mehr nachdenken über die Verführungsmacht als nicht ganz unschuldige Waffe.

Im Steinschen Dialog ist das Nächtliche Adjektiv und bestimmt die Modalität und die Umgebung, wo das Wort ausgesprochen wird. Mit der Dunkelheit der Nacht symbolisiert man vor allem die Zeit des Ausruhens und die Summe der Müdigkeit. Die Mutter Karmelitin wird von der Schelle aufgeweckt. Aber ausserdem ist es die Dunkelheit des Krieges, der Verfolgung, der Todesbedrohung. Trotzdem geht aus dem Innern dieses gewalttätigen Klimas ein Gespräch hervor, das einen Hoffnungsschimmer und ein definitives Siegeslicht des göttlichen Planes mit der turbulenten Weltgeschichte aufleuchten lässt.

Auf diese Weise wird die Nacht zum Übergang. Einerseits ist sie Fehlen des Lichts, aber es handelt sich um ein dynamisches Fehlen, denn ihre Tiefe kündigt die Klarheit des Tages an. Resümee: "Nächtliche Zwiesprache" repräsentiert das Drama der christlichen Hoffnung auf die Welt als ein anscheinend dünner Faden, der den komplexen Wirrwarr der Zukunft der menschlichen Geschichte gemäss dem Plan Gottes lenkt und hält.

b) Mitternacht

Im Theaterstück *Mitternacht* der Dramaturgin Florencia Martínez substantiviert sich die "Nächtliche Zwiesprache". Die Mitternacht entspricht dem Inflektionspunkt zwischen Nacht und Tag in Konsonanz mit der von dem Hl. Johannes vom Kreuz vorgeschlagenen Dreiteilung der Nacht. Dieser Autor muss unbedingt bezüglich des Symbols der Nacht befragt werden, vor allem was den "Übergang" von der Einheit der Seele mit Gott[8] betrifft. Die Nacht erhält so im Werk einen transversalen Protagonismus und erweitert noch mehr ihren reichen vielfältigen Symbolismus[9]: Zeit, Dunkelheit, Friede und Furcht,

---

8 Edith Stein hat ihr letztes Buch, *Kreuzeswissenschaft*, insbesondere dem Studium des Werkes des Johannes vom Kreuz gewidmet und als Beitrag zur IV. Jahrhundertfeier der Geburt des heiligen Karmeliten geschrieben (Spanische Ausgabe: Stein, Edith. Obras Completas, Escritos Espirituales, Vol. V. Burgos: El Carmen – Espiritualidad – Monte Carmelo, 2004. 183-477). Hier zitierte deutsche on-line Ausgabe: Stein, Edith. Gesamtausgab, Bd. 18. *Kreuzeswissenschaft. Studie über Johannes vom Kreuz.* Freiburg-Basel-Wien: Herder, 2013). Hier drückt er sich genauer zu dem Symbolismus der Nacht und des Kreuzes aus: "Wir sind jetzt imstande, den Unterschied im Symbolcharakter von »Kreuz« und »Nacht« kurz zusammenzufassen: das Kreuz ist das Wahrzeichen alles dessen, was mit dem Kreuz Christi in ursächlichem und geschichtlichem Zusammenhang steht. Nacht ist der notwendige kosmische Ausdruck der mystischen Weltsicht des hl. Johannes vom Kreuz" (KW 28).

9 "Es gibt eine nächtliche, milde Klarheit des Geistes, in der er, von dem Frondienst der Tagesgeschäfte frei, gelöst und gesammelt

Schweigen und Gespräch, Intimität, Erinnerungen, Einsamkeiten und Gegenwärtigkeiten, Ruhe, Erwartung...

Diese freie Bearbeitung des Steinschen Werkes ist im Angesicht der Herausforderung entstanden, das Steinsche Drama im Kode der gegenwärtigen Dramaturgie zu veröffentlichen. Das hat bewirkt, dass das Werk "Nächtliche Zwiesprache" letztlich als ein Kern bestehen bleibt, um den herum sich in den entscheidenden Meilensteinen der Autorin eine authentische biographische Atmosphäre entwickelt. Dazu trägt vor allem der Rückgriff auf die Verdoppelung der Schauspielerin bei, die nacheinander die Königin Esther und die Mutter Edith Steins repräsentiert, indem sie sich vor den Augen des Publikums in die jeweils andere Person verwandelt. Die karmelitische Mutter Oberein des Originalwerkes wird hier durch Edith Stein selbst ersetzt, was ein Dreieck der Protagonistinnen schafft: die Mutter, die Königin und Edith Stein als Karmelitin, was seinerseits die Bedeutung der biographischen Optik unterstreicht, die relevant ist, um den Steinschen Originaltext und auch eine gewisse psychoanalytische Orientierung zum Verständnis des Dramas zu beleuchten. Ausserdem tragen die Protagonistinnen durch ihre Erzählungen eine grosse Zahl von Personen bei. Wie in einer Galerie von Spiegeln treten wir so in einen Raum ein, wo jedes Bild sein Licht projektiert und

<hr>

zugleich, in die tiefen Zusammenhänge seines eigenen Wesens und Lebens, der Welt und Überwelt hineingezogen wird. Und es gibt ein tiefes dankbares Ruhen im Frieden der Nacht. An all das muß man denken, wenn man die Nachtsymbolik des hl. Johannes vom Kreuz verstehen will. Aus den Zeugnissen über sein Leben und aus seinen Gedichten wissen wir, daß er überaus empfänglich war für die kosmische Nacht mit all ihren Tönungen. Er hat ganze Nächte am Fenster mit dem Blick auf die weite Landschaft oder im Freien zugebracht. Und er findet Worte für die Nacht, die von keinem andern Sänger der Nacht übertroffen werden" (KW 26).

so zum Aufbau der Personen selbst beiträgt. In den speziellen Effekten sieht man genau die Abfolge von Gesichtern, die das Drama real machen. Es ist erstaunlich, dass die Bestimmung des Biographischen sich nicht nur nicht auf das Private einschränkt, sondern auch eine universale Identifizierung in dem Masse erreicht, in dem jede Biographie die Frucht von vielen anderen in einer unendlichen Artikulation ist.

Dieser Rückgriff ist auch möglich dank der Unbestimmtheit der Grenzen, die das Phänomen selbst der Nacht auf eine Weise durchsetzt, wie es sich in der Steinschen Beschreibung in der *Kreuzeswissenschaft* präsentiert. Das ermöglicht das Spiel der Freiheiten des Traumes und die Resonanzen des Unbewussten, was seinerseits sich in einem grösseren Raum für viele historische Dialoge auswirkt.

Das Werk beginnt, als Schwester Teresa Benedicta a Cruce (Edith Stein) einen an ihre Mutter gerichteten Brief schreibt, die zur Zeit der Niederschrift von "Nächtliche Zwiesprache" (1941) schon gestorben war. Das Datum der Beerdigung der Mutter fiel 1936 mit der Erneuerung ihrer Gelübde als Karmelitin zusammen. Sich vom Karmelitenkloster an die Mutter richten, heisst auf ihre Biographie zurückkommen: Edith hat eine lebenswichtige Entscheidung getroffen, die sie vom Glauben und von der religiös-kulturellen Tradition ihrer Mutter getrennt hat. Es handelt sich um einen Bruch, der eine neue Kontinuität einweiht. Sich der Mutter zuwenden, kann man als eine Hinwendung zu ihren hebräischen Wurzeln verstehen, um kraftvoll im unglücklichen Tag des Dramas aufzublühen. Den Blick auf sie richten, bedeutet gewissermassen, sich an die Mutter Israel wenden. Edith erkennt ihren hebräischen Ursprung an, der sie auch mit Jesus, María und der jungen Kirche verbindet. Sie wird ihr Schicksal als Repräsentantin ihres Volkes unter der Herrschaft der Nazis annehmen und ihr Leben für ihr Volk anbieten, das auch das neue Volk, die Kirche, ist.

Die Nacht in der *Kreuzeswissenschaft* von Edith Stein

Es gibt einen Steinschen Text in der *Kreuzeswissenschaft*, der unsere besondere Aufmerksamkeit beansprucht, vor allem was ihr Verständnis der mystischen Nacht beim hl. Johannes vom Kreuz im Ausgang von der "mystischen Erfahrung" betrifft, die ihr die kosmische Nacht anbietet:

> "Die Nacht dagegen ist etwas Naturhaftes: das Gegenspiel des Lichtes, uns und alle Dinge einhüllend. Sie ist kein »Gegenstand« im eigentlichen Wortsinn: sie steht uns nicht gegenüber und steht auch nicht auf sich selbst. Sie ist auch kein »Bild«, sofern man darunter eine sichtbare Gestalt versteht. Sie ist unsichtbar und gestaltlos. Und doch nehmen wir sie wahr, ja sie ist uns viel näher als alle Dinge und Gestalten, ist mit unserem Sein viel enger verbunden. Wie das Licht die Dinge mit ihren sichtbaren Eigenschaften hervortreten läßt, so »verschlingt« sie die Nacht und droht auch uns zu verschlingen" (KW 25).

Es handelt sich um einen sehr dichten Text, in dem der unförmige und unsichtbare Aspekt der Nacht mit der Bedrohung, die sie für uns bedeutet, betont wird. Das Bemerkenswerteste ist die Nacht als Innerlichkeit oder ihre Effekte:

> "Was in ihr versinkt, das ist nicht einfach nichts: es bleibt bestehen, aber unbestimmt, unsichtbar und gestaltlos wie die Nacht selbst oder schattenhaft und gespenstisch und darum bedrohlich. Dabei ist unser eigenes Sein nicht nur durch die in der Nacht verborgenen Gefahren von außen bedroht, sondern durch

die Nacht selbst innerlich betroffen. Sie nimmt uns den Gebrauch der Sinne, hemmt unsere Bewegungen, lähmt unsere Kräfte, bannt uns in Einsamkeit, macht uns selbst schattenhaft und gespenstisch" (KW 25f).

Diese Nacht ist letztlich "wie ein Vorgeschmack des Todes. Und all das hat nicht nur vitale, sondern auch seelisch-geistige Bedeutung" (KW 25).

Uns scheint, dass dieser Text, in dem Stein versucht, Kreuz und Nacht miteinander in Beziehung zu setzen, einige Aspekte offenbart, die in *Mitternacht* in Verbindung mit der Offenheit für die in dieser Theo-Biographie angedeuteten Transzendenz entwickelt wird.

Man muss hier betonen, dass Edith Stein das Symbol der Nacht als eine vollständige Kosmovision und ein perfektes Konzept des Seins im Sinne des hl. Johannes vom Kreuz interpretiert. Dann begegnen wir einer fundamentalen philosophischen Perspektive. Es ist klar, dass man davon ausgeht, dass all der Reichtum des Symbols dazu neigt, sich selbst in das Licht zu verwandeln. Die Welt nachts beobachten heisst eine spannungsvolle und auf das Unsichtbare geöffnete Welt wahrnehmen.

In demselben Steinschen Text erkennt sie nun einen "doppelten Aspekt" in der kosmischen Nacht und ihren Effekten, der sich auch im Symbolismus der Nacht im Werk des hl. Johannes vom Kreuz zeigt, die erleuchtete und die dunkle Nacht:

"Der dunklen und unheimlichen Nacht steht die »mondbeglänzte Zaubernacht« gegenüber, die von mildem, sanftem Licht durchflutete. Sie verschlingt die Dinge nicht, sondern läßt ihr nächtliches Antlitz aufleuchten. Alles Harte, Scharfe und Grelle ist hier gedämpft und gelindert, es offenbaren sich Wesenszüge, die bei hellem Tageslicht niemals zum Vorschein kommen. Es lassen sich auch Stimmen vernehmen, die der Tageslärm übertäubte. Und nicht nur die lichtvolle, auch die dunkle Nacht hat eigene Werte. Sie macht dem Hasten und Lärmen des Tages ein Ende, sie bringt Ruhe und Frieden. All das wirkt sich auch im Seelisch-Geistigen aus. Es gibt eine nächtliche, milde Klarheit des Geistes, in der er, von dem Frondienst der Tagesgeschäfte frei, gelöst und gesammelt zugleich, in die tiefen Zusammenhänge seines eigenen Wesens und Lebens, der Welt und Überwelt hineingezogen wird. Und es gibt ein tiefes dankbares Ruhen im Frieden der Nacht" (KW 26).

Man muss die Unterscheidung hinzufügen, die er bezüglich des dreifachen (seelischen, vitalen und spirituellen) Sinnes, den die Nacht hat, macht, was mit dem eigenen transformativen Charakter des Symbols übereinstimmt. Deshalb präzisiert die Autorin, dass "wenn der Denker Johannes in seinen Abhandlungen von der Nacht spricht, so steht dahinter die ganze Fülle dessen, was das Wort für den Dichter und Menschen bedeutet" (KW 26).[10]

In Bezug auf die mystische Nacht behauptet er, dass:

"(d)ie mystische Nacht nicht kosmisch zu verstehen (ist). Sie dringt nicht von außen auf uns ein, sondern

---

10 Er wird am Ende des Abschnitts auf diesen Punkt insistieren: "Das Überwiegen des Nacht-Symbols ist ein Zeichen dafür, daß in den Schriften des heiligen Kirchenlehrers nicht der Theologe, sondern der Dichter und Mystiker das Wort führte, wenn auch der Theologe Gedanken und Ausdruck gewissenhaft überwachte" (KW 28).

hat ihren Ursprung im Innern der Seele und befällt auch nur diese eine Seele, in der sie aufsteigt. Doch die Wirkungen, die sie im Innern hervorbringt, sind denen der kosmischen Nacht vergleichbar; sie bedingt ein Versinken der äußeren Welt, mag sie auch draußen in hellem Tageslicht ausgebreitet liegen. Sie versetzt die Seele in Einsamkeit, Öde und Leere, unterbindet die Tätigkeit ihrer Kräfte, ängstigt sie durch drohende Schrecken, die sie in sich birgt. Doch auch hier gibt es ein nächtliches Licht, das eine neue Welt tief im Innern erschließt und die Welt draußen gleichsam von innen her erhellt, so daß sie uns als eine völlig veränderte wiedergeschenkt wird" (KW 28).

Die Phänomenologie unterstreicht die "intime Analogie", die sich zwischen der kosmischen und der mystischen Nacht ergibt. Zwischen beiden:

"ist an das Verhältnis symbolischen Ausdrucks zu denken, wie es allgemein zwischen Sinnenfälligem und Geistigem besteht: wie Gesichtsbildung und Mienenspiel Ausdruck seelischer Eigenart und seelischen Lebens sind, wie sich in der Natur Geistiges und sogar Göttliches offenbart. Es ist eine ursprüngliche Gemeinsamkeit vorhanden und eine sachliche Zusammengehörigkeit, die das Sinnenfällige geeignet macht, Geistiges erkenntnismäßig zu erschließen" (KW 28).

Schliesslich nimmt er die ersten Behauptungen über die Nacht wieder auf: "Die Nacht aber, die kosmische wie die mystische, ist etwas Gestaltloses und etwas Umfassendes, was sich in der Fülle seines Sinnes nur andeuten, aber nicht ausschöpfen läßt" (KW 27).

Aber er macht dann einen gewaltigen Sprung zu einem vertieften Verständnis philosophischer Art:

> "Eine ganze Weltsicht und Daseinsverfassung ist darin beschlossen. Eben darin besteht das Gemeinsame: in der Tatsache und der Eigenart dieser Weltsicht und Daseinsverfassung. Ein Unfaßbares hier und ein Unfaßbares dort und doch soweit deutlich, daß eines mit dem andern in Deckung gebracht und als Zugang zum andern verwendet werden kann, nicht in willkürlicher Wahl und planmäßiger Vergleichung, sondern in »symbolischer Erfahrung«, die auf Urzusammenhänge stößt und dadurch für begrifflich Unsagbares einen notwendigen bildhaften Ausdruck findet. Wir sind jetzt imstande, den Unterschied im Symbolcharakter von »Kreuz« und »Nacht« kurz zusammenzufassen: das Kreuz ist das Wahrzeichen alles dessen, was mit dem Kreuz Christi in ursächlichem und geschichtlichem Zusammenhang steht. Nacht ist der notwendige kosmische Ausdruck der mystischen Weltsicht des hl. Johannes vom Kreuz..." (KW 27f).

Die Nacht als "der notwendige kosmische Ausdruck der mystischen Weltsicht des Johannes vom Kreuz" ist eine sehr starke Behauptung dieses Textes. Sie stellt uns vor eine Weltsicht, das heisst einen allumfassenden und interpretierenden Blick der Realität aus der Perspektive der mystischen Erfahrung. Diese lässt sich in künstlerischer Sprache ausdrücken, weshalb sie nach einer sensiblen Rationalität ruft, die offen ist für den nächtlichen Charakter, der die gesamte Wirklichkeit durchdringt.

Diese nächtlichen Aspekte sind im Werk *Mitternacht* von Florencia Martínez evident. Denn ihre Bearbeitung und Inszenierung haben einen Hintergrund, der durch die Synthonie, die sie mit den Publikum erreicht, beeindruckt. Hier wird ein Leben präsentiert mit seinen vielfältigen nächtlichen, geheimnisvollen Konturen, mit seinen wesentlichen Zügen und auch mit dem, was das Tageslicht verbirgt.

Deshalb erreicht hier nicht nur das von Stein in ihrer "Nächtlichen Zwiesprache" angedeutete persönliche und historische Drama, sondern auch die Nacht selbst als Interpretation eines Jenseits von der evidenten Klarheit der Tagesrationalität ihren Protagonismus, der zu einem Abgrund der Realität führt, "zu etwas Unzugänlichem", in dem jedes Leben sich entwickelt und das wir kaum wahrnehmen.

Juan Francisco Pinilla A.
Profesor an der Theologischen
Fakultät der Universidad Católica de Chile;
Direktor des Edith Stein Zentrums für
interdisziplinäre Studien an der PUC

Si Edith Stein callara,
las piedras gritarían

Wenn Edith Stein schwiege,
sängen die Steine

Si Edith Stein callara,
las piedras gritarían

En las siguientes líneas se presenta un análisis de *Medianoche*, adaptación dramática de la obra *Diálogo nocturno* de Edith Stein, en la que se manifiestan aspectos biográficos de la autora. Este trabajo se realiza desde una perspectiva dramática y teatral, unida a categorías psicoanalíticas formuladas por el psiquiatra chileno Ignacio Matte Blanco. Este autor nos permite entrar en las categorías simétricas y asimétricas que ocurren en los signos y símbolos del lenguaje teatral. También está presente en este texto la experiencia de Ramón López, director del montaje, cuestión que resulta relevante para comprender lo que efectivamente ocurrió en el escenario.

Análisis de la obra

Para comenzar, es importante notar que la pieza teatral se inicia con la palabra "madre", con quien se instala un diálogo subterráneo referido a su historia e identidad que atraviesa toda la obra. Edith teme enfrentar a su interlocutora pues "puedo salir herida yo, puedes salir herida tú", después continúa diciendo: "vuelve a mi pensamiento tu mirada de incomprensión". La protagonista se encuentra y luego se aleja de su madre, del judaísmo y del cristianismo. Tiene temores a la noche, al sexo, al rugido de un animal oculto que no la deja dormir. "Todos los sufrimientos que vienen de fuera, no son nada en comparación con la noche oscura del alma". Sus conflictos internos en la búsqueda de una identidad que le cuesta encontrar, así como también sus luchas por la libertad, son constantes en toda la obra.

En este diálogo inicial vemos a Edith cansada y, en medio de ese estado, la sorprende la aparición de una extranjera desconocida que se presenta definiéndola así: "Edith Stein, la niña judía, la joven atea, la dama filósofa, la feminista cristiana, la monja carmelita y la Santa Mártir". Es sin duda una descripción completa de Stein en esta noche que se manifiesta y llena su celda. La extranjera desconocida es la reina Ester, a quien Edith habría llamado en sueños. En la obra, Ester aparece como una madre positiva con la que la protagonista puede relajarse y contar su vida. "Me hace recordar a la Purísima / a la Inmaculada, que un día como en este tiempo buscaba refugio". Aquí la reina se presenta como invocada por Edith Stein: "Tú me trajiste, tú me llamaste". Lo que indica la necesidad de Edith Stein por contar con la presencia de la reina y de su amistad, porque ella también sufrió e intercedió por su pueblo, salvándolo del exterminio.

La imagen materna que llega en esta reina Ester no reprime a Edith, y será el diálogo y ventana de profundización en su biografía. La ira, el animal que ruge dentro de ella, manifiesta un nivel de inconsciente en el que todo es experimentado como una unidad, sin un antes y un después, que envuelve la totalidad del cuerpo de Edith. Se representa a Ester como una niña que perdió padre y madre, tal como Edith, cuya madre cumplió un rol de madre y padre para ella, luchando por el pueblo judío. Sin embargo, y a pesar de lo anterior, a los quince años se rebeló ante su madre y dejó el judaísmo.

Algo interno la asusta y le produce rabia, lo que la conecta con los sueños de Mardoqueo, tío de la reina Ester, quien en el Antiguo Testamento tiene una visión onírica de la destrucción de su pueblo simbolizada en el rugido de dos dragones. Puede que aspectos de su propia experiencia como la represión de los nazis al pueblo judío, sean los que conectan en Edith con la imagen del rey Asuero y Amán: el rey como bondadoso y Amán como el demonio. La extranjera dice: "no hay tiempo, Edith, hay que prepararse para lo peor", o: "lo que pasa afuera es tenebroso, nuestro pueblo está sufriendo". Este es el contexto de la obra y su trágico final.

"Ester madre, hermana mía", dice Edith y se pone en su regazo. La imagen materna que la acoge, que facilita su contención, evidencia la presencia del nivel inconsciente. Esta idea se conecta con las reflexiones de Ignacio Matte Blanco. Según el psiquiatra, el sistema inconsciente trata al inverso de cualquier relación como idéntico con la relación. En otras palabras, trata las relaciones asimétricas como si fueran simétricas. En el teatro, muchas veces un mismo símbolo construye y destruye universos, cambiando el significado sin cambiar los significantes.

La reina Ester, una vez presentada, produce en Edith una "nostalgia celestial". Ocurre entre ellas un diálogo íntimo y amable que permite partir hacia el verdadero reconocimiento de ella misma, hacia su verdadera identidad. Ester madre presenta toda la cercanía humana necesaria en ese momento de desolación. El regazo de Ester es sin duda el espacio afectivo que Stein busca, y desde donde hablará durante toda la obra.

En ciertos momentos la extranjera es simétrica con la reina Ester y con la Inmaculada. Como dice Matte Blanco, cabe destacar que el concepto de relaciones asimétricas se refiere a aquellos símbolos cuyos inversos son siempre diferentes, mientras que el concepto de relaciones simétricas se vincula con aquellos cuyos inversos son siempre idénticos. Asimismo, cuando se aplica el principio de simetría, no puede existir la temporalidad, al menos en un sentido físico.

La lógica aristotélica, según Matte Blanco, no es respetada por el inconsciente. En esta obra los personajes están simultáneamente siendo la reina Ester, la Extranjera o tal vez su propia madre. "¿Quién es?", pregunta Edith. "Jesús mío, ayúdame". Esta lógica lucha aquí con la rebelde asimetría del inconsciente de la protagonista, ese animal que pretende acallar, pero que vive dentro de ella.

La creación teatral

Los procesos de creación teatral son dinámicos y a menudo presentan un conflicto inconsciente, en este caso, el drama de Edith Stein buscando su identidad y luchando por su pueblo, pasando por las diversas etapas intelectuales de su vida para terminar con el encuentro de lo religioso. La reina Ester busca encontrarse con su vida antigua en los diálogos del pasado y del presente con la virgen María, reina del Carmelo, en la lucha por su pueblo antiguo y actual. Aparece el proyecto de vida de Edith con los traumas del presente, que se manifiestan en la puesta en escena. Las imágenes teatrales expresan pensamientos, estados de ánimo y experiencias personales y afectivas. Todo esto se traspasa en los símbolos de *Medianoche*. Al respecto, Ramón López señala:

> Esta medianoche es una tiniebla. Una tiniebla psicológica, un mundo que ocurre en un lapso instantáneo. Si bien la obra dura como una hora, un tiempo real que está extendido, lo que ocurre allí es una detención en una fracción de un pensamiento, que todos hemos tenido en una situación fugaz ante una emergencia. Hacemos un remake, un flashback, revisamos un montón de temas o de recuerdos que a veces uno ni los tiene conscientes y de pronto aparecen. Aquí lo que es bonito –y un poco lo que tratamos de hacer– es que ante la inminencia de la catástrofe de que a ella

la van a venir a buscar los nazis; vienen, golpean la puerta, y lo que aparece son sus pensamientos. Sabemos que al final de la obra la puerta va a ser abierta por la policía, lo delegados de la SS que la vienen a buscar, pero en ese momento que intuye, ella se abre como un libro de situaciones personales que quizás no habría afrontado previamente.

La obra *Medianoche* es un metalenguaje, una resignificación de las etapas de su vida: la muerte de su padre a los dos años, su mutismo a cuando tenía siete, la salida y vuelta de la universidad con su maestro Husserl, adentrándose con fuerza en los estudios de filosofía y fenomenología y, finalmente, el encuentro con Teresa de Ávila que la lleva a la conversión al cristianismo.

Hay momentos en la obra cuando, de forma simultánea, se presentan diversos niveles discontinuos, pero que aparecen como una sola unidad en el escenario. Por ejemplo, Edith y su madre, que sale de esta relación y vuelve a ser la reina Ester. El comienzo de la obra mantiene una simetría con el final; al principio, la protagonista muestra el dolor por la relación con su madre escribiéndole una carta, mientras que en el desenlace de la obra, Edith ruega por el pueblo judío, esta vez junto a la reina Ester que durante este diálogo ha sido también la figura de su madre. Ester y Edith se unen en este ruego, que es una visión epifánica ante su inminente muerte, y el final de la vida de su pueblo, con un nuevo Amán, en este caso reencarnado en Hitler. En el diálogo se descubren los diversos quiebres en la vida de Stein. Sobre la relación con su madre, López abre un punto de vista que complejiza la interpretación:

La reina Ester es la misma Edith Stein. Habla como Stein, pero habla por lo que ella no había hablado –o como quisiera haber hablado y no se atrevió–. Tal vez pensó situaciones de la existencia, entonces es una imagen, una proyección de un anhelo femenino, de un anhelo de realización de un modelo que tuvo porque se inspiró en ella. La reina Ester es un modelo para el pueblo judío, fue una líder que hizo un acto de salvación, hizo un sacrificio, se expuso. Entonces este modelo es idealizado por la Edith y lo proyecta en ella. En el fondo son dos actrices y dos mujeres muy distintas como lo pudo haber sido la misma Stein. Edith tenía una conducta que era la formal-oficial la que todos conocían; la dura, la severa, la excesiva. Pero, por otro lado, tendría que haber estado el otro yo, el otro pliegue de su existencia que lo tuvo quizás muy discreto, reservado, y que lo proyecta y realiza en esta imagen fantástica y ficticia.

En estos elementos transcurre el interés de Edith Stein por escribir en un lenguaje dramático. Se mueve con una teatralidad donde existen atmósferas y relatos solo posibles de ser representados en obras de teatro, como la que estamos analizando. Sin duda, Edith Stein también se interesaba por el teatro, son conocidas sus representaciones en el Carmelo y su especial atracción por la fiesta de Purim.

"Viví muy atormentada, asistí a un baile donde todos se rieron y sentí vergüenza", declara Edith en *Medianoche*. A diferencia de lo anterior, la reina Ester vuelve al Antiguo Testamento y manifiesta cómo fue escogida entre todas las doncellas por el rey Asuero, por su belleza y por su femineidad. Volvemos a Edith, que es lo contrario, la muchacha silenciosa, "la niña sabionda" que tal vez tiene un profundo deseo de reconocimiento. En una escena de la obra una prima le grita: "déjame a mí tener razón alguna vez". Edith era vista como un libro de siete sellos, como una persona introvertida, que adoraba los libros y era poco comunicativa. En relación con los jóvenes que le atrajeron, sucede lo mismo: ella se ponía distante y los jóvenes no la consideraban.

Esta obra teatral toma los ejes de la dramaturgia moderna denominada *dramaturgia vertical* donde se produce, a través de los símbolos, un proceso constante de conocer y no conocer, evidenciando que se sabe algo, pero que aquello siempre se abre a lo desconocido. Ramón López dice al respecto:

> Lo luminoso no es un hecho físico aquí. Ella encuentra la luz porque va a encontrarse con la espiritualidad. Hay una penumbra porque el lugar es un lugar oscuro, ni siquiera hay una fuente luminosa, no hay lámparas, no hay velas, es una luz abstracta teatral. La única luz real es la que entra por la ventana al comienzo, pero eso cambia cuando aparece Ester. Se ilumina el lugar con una luz de fantasía, una luz sobrenatural. Después se va construyendo la atmósfera según el relato para ir apoyando los climas de la conversación, pero hay una penumbra permanente, el tema de la noche oscura que tiene tantos significados y tantos simbolismos. [...] Eso te lo permite el teatro, el teatro te permite hacer elipsis. Te permite poner relatos paralelos. La misma Ester se transforma en la mamá, porque ella ve a su madre ahí. El público también la ve a través de esa mirada, desde los ojos de Stein.

Según Matte Blanco, si se analizan las características del sistema inconsciente, la ausencia de contradicción mutua es consecuencia de la aplicación conjunta de los principios de generalización y simetría, debido a que los elementos que para el sistema consciente aparecen como contradictorios, son incluidos en una clase más amplia desde la simetría y son tratados como idénticos. Si la asimetría desaparece, el conocimiento de lo contradictorio también debe desaparecer.

Así, esta obra teatral se encuentra con la vida y la muerte de Edith Stein en un proceso simbólico con movilidad temporal entre el presente, el pasado y el futuro que se hacen uno. Es una síntesis que revela los aspectos más profundos que organizan las dinámicas de la historia narrada, con muchos aspectos que van más allá del acontecer, y que indagan en los profundos designios del encuentro entre estas dos mujeres, que son el centro de la obra *Medianoche*.

La preocupación por lo religioso en la época de las guerras y las masacres ocupa una escritura que a veces puede asemejarse a lo cinematográfico y —por supuesto— al teatro no aristotélico, más bien simbólico o abstracto. Si el teatro es definido por Aristóteles como una imitación de la vida, mímesis y acción, sin duda *Medianoche* representa las acciones dramáticas de la totalidad de la vida de Edith Stein. Los personajes interactúan y no solo narran la historia.

Esta obra no ocurre en espacios concretos, y su contexto no es la sociedad ni sus malestares más profundos. La obra traspasa lo anterior y se adentra en una dramaturgia que busca el espíritu y el drama del siglo XX, finalizando la historia con la mirada a la cruz de Cristo a través de los ojos de Edith Stein. El espíritu del resucitado recorre toda la obra, escrita en múltiples planos que se comprimen en un solo tiempo, en un devenir entre el Antiguo y el Nuevo Testamento, pasando por una Europa que vive la gran noche del nacionalsocialismo.

El conflicto dramático mayor es el de Edith con su madre, al abandonar la cultura hebrea y abrirse al mundo cristiano. Afirmar la esperanza de salvación en estos diálogos teatrales, donde ya no forma parte el lenguaje corriente, es una hazaña de tal magnitud que repletó la sala de teatro en su temporada de funciones. El lenguaje se puso al servicio de lo nuevo, partiendo de la noche personal e histórica, privada y social, de Edith Stein. Se trata de nodos interconectados de su niñez: la culpa, el cansancio, la madre, para llegar al dolor del crucificado y su propia muerte en Auschwitz.

El diálogo nocturno de *Medianoche* es la búsqueda dialógica de la muerte de Cristo en la cruz, cuando el cielo, estando de día, se oscureció completamente. Es ahí donde Edith Stein encuentra la verdad, tras un largo recorrido entre el Antiguo y Nuevo Testamento y toda la filosofía de su época, y ruega por la salvación de su pueblo. Pide ayuda al papa de la época para que tome conciencia de lo que ocurre en Alemania. Esa carta es la gran rebeldía frente a una Iglesia que parecía no tomar acciones frente a esta tremenda injusticia. Tal como la reina Ester hizo una acción semejante, esta fue la intercesión que Edith Stein hizo por los judíos y la humanidad.

Edith Stein es un grito profundo del siglo XX en busca de la salvación de un pueblo que sufre el mayor de sus desgarros frente a la humanidad que se destruía.

Consuelo Morel Montes
Facultad de Arte,
Pontificia Universidad Católica de Chile

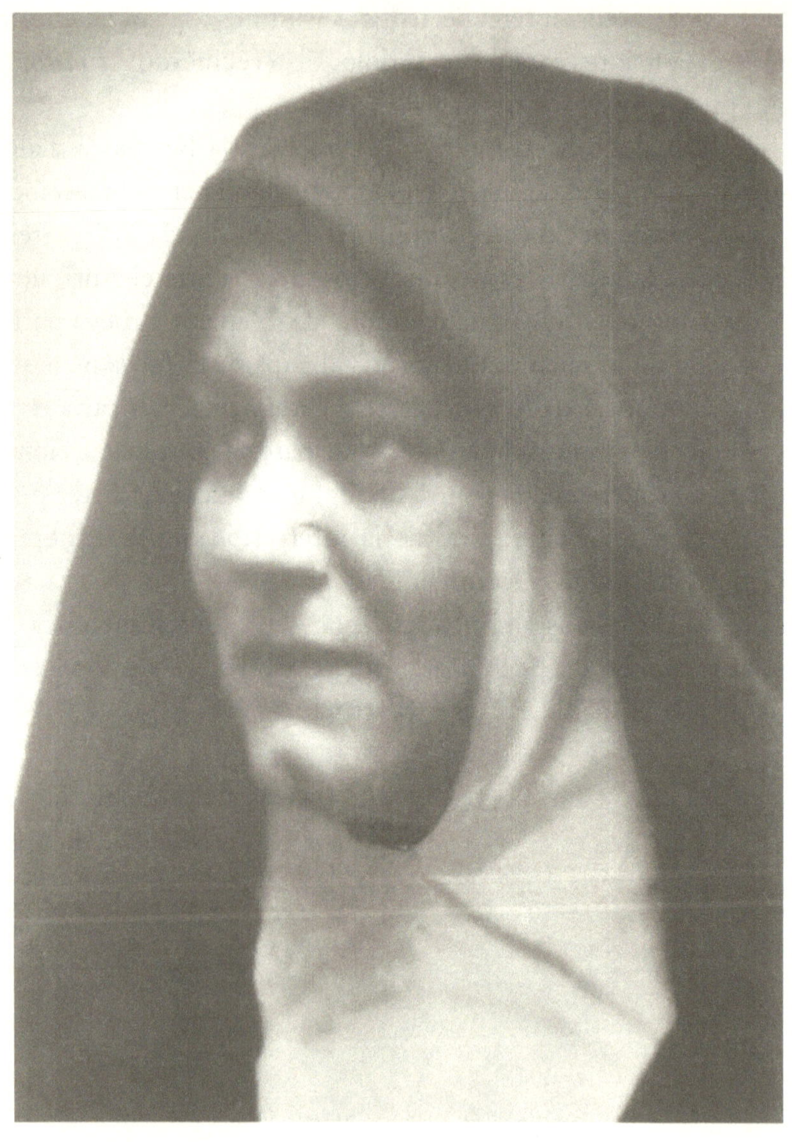

Edith Stein (1891-1942) letzets Paßfoto in Echt/NL.
Foto: Sommer 1942, Echt.

Wenn Edith Stein schwiege, sängen die Steine

In diesem Artikel möchte ich eine Analyse von *Mitternacht* vorlegen, einer dramatischen Bearbeitung des Werkes "Nächtliche Zwiesprache", in dem biographische Aspekte Edith Steins erscheinen. Die Analyse wird aus dramatischer und theatralischer Perspektive entwickelt unter Verwendung von psychoanalytischen Kategorien, die der chilenische Psychiater Ignacio Matte Blanco formuliert hat. Dieser Autor erlaubt es uns, zu symmetrischen und asymmetrischen Kategorien vorzudringen, die in den Zeichen und Symbolen der Theatersprache enthalten sind. In den folgenden Seiten wird auch die Erfahrung des Direktors der Montage – Ramón López – präsent sein, die wichtig ist, um zu begreifen, was wirklich auf der Bühne geschehen ist.

Analyse des Werkes

Zu Beginn ist wichtig hervorzuheben, dass dieses Theaterstück mit dem Wort "Mutter" beginnt, mit dem sich ein unterirdischer Dialog mit der Geschichte und Identität instaliert, der das ganze Werk durchzieht. Edith fürchtet, ihrer Gesprächspartnerin zu begegnen, denn "ich kann verletzt werden oder du kannst verletzt werden"; deshalb fährt sie fort: "ich erinnere mich an Deinen Blick voll Unverständnis". Die Protagonistin begegnet und entfernt sich von ihrer Mutter, vom Judentum und vom Christentum. Sie fürchtet sich vor der Nacht, vor der Sexualität, vor dem Brüllen eines versteckten Tieres, das sie nicht schlafen lässt. "Alles Leiden, das von aussen kommt, ist nichts im Vergleich mit der dunklen Nacht der Seele". Ihre internen Konflikte entwickeln sich im gesamten Werk sowohl in der Suche nach der Identität, die zu finden ihr schwer fällt, als auch in ihren Kämpfen um die Freiheit.

Zu Beginn des Dialogs sehen wir eine müde Edith und inmitten ihrer Müdigkeit überrascht sie das Erscheinen einer unbekannten Fremden, die sich ihr vorstellt mit folgender Definition Ediths: "Edith Stein, das jüdische Mädchen, die junge Atheistin, die christliche Feministin, die Karmelitin und heilige Märtyrin". Es handelt sich zweifelslos um eine vollständige Beschreibung von Stein in dieser Nacht, die sich manifestiert und die Zelle füllt. Die unbekannte Fremde ist die Königin Esther, die Edith im Traum zu sich gerufen hat. Im Werk erscheint sie als eine positive Mutter, die es der Protagonistin erlaubt, sich zu entspannen und ihr Leben zu erzählen. "Du erinnerst mich an die ganz Reine, an die Unbefleckte, die eines Tages Unterkunft suchte (...)". Hier zeigt sich die Königin als von Edith Stein Angerufene: "Du hast mich hierher gebracht, Du hast mich gerufen". So wird die Notwendigkeit Edith Steins deutlich, mit der Gegenwart und Freundschaft der Königin zu zählen, weil sie auch für ihr Volk gelitten hat und eingetreten ist und es vor der Vernichtung bewahrt hat.

Ohne Zweifel, das mütterliche Bild, das diese Königin Esther repräsentiert, unterdrückt Edith nicht, und wird mit dem Dialog und Verlauf des Werkes verbunden sein. Die Wut, das Tier, das die in ihr brüllt, suggeriert eine unbewusste Ebene, wo alles als eine Einheit ohne Vorher und Nacher erlebt wird, und die den ganzen Körper Ediths einschliesst. Man stellt Esther als ein Kind vor, das Vater und Mutter verloren hat, und dasselbe gilt für Edith, deren Mutter auch die Rolle des Vaters gespielt hat im Kampf für das jüdische Volk. Aber mit fünfzehn Jahren lehnt sie sich gegen ihre Mutter auf und gibt den jüdischen Glauben auf.

Etwas in ihrem Innern erschreckt sie und macht sie wütend, was sie mit den Träumen Mardochais, des Onkels der Königin Esther, verbindet, der im Alten Testament eine Traumvision der Zerstörung seines Volkes hat, symbolisiert im Brüllen von zwei Drachen. Es kann sich um ihr so stark unterdrücktes Leben oder auch um die Unterdrückung der Juden durch die Nazis handeln, die sich bei Edith mit dem Bild des Königs Ahasveros und Hamans verbindet: der König als ein Gütiger und Haman als ein Teufel. Die Fremde sagt: "Wir haben keine Zeit, Edith, und müssen uns auf das Schlimmste vorbereiten", oder "was draussen passiert ist schrecklich, unser Volk leidet". Das ist der Kontext des Werkes und sein tragisches Ende.

"Mutter Esther, meine Schwester", sagt Edith und legt sich in ihren Schoss. In diesem mütterlichen Bild, das aufnimmt und die Beherrschung erleichtert, ereignet sich die Präsenz der unbewussten Ebene. Diese Idee ist mit den Überlegungen von Ignacio Matte Blanco verbunden, die ich schon in einem Artikel in der Zeitschrift *Apuntes* (2006) entwickelt habe. Nach Matte Blanco betrachtet das unbewusste System die Beziehung als identisch im Gegensatz zu irgendwelcher Beziehung. Mit anderen Worten: betrachtet die asymmetrischen Beziehungen als ob sie symmetrisch wären. Im Theater baut ein bestimmtes Symbol oft Welten auf und zerstört sie, indem man die Bedeutung ändert, ohne die Signifikanten zu ändern.

Nachdem die Königin Esther sich vorgestellt hat, ruft sie in Edith eine "himmlische Sehnsucht" hervor, Es ereignet sich zwischen beiden ein intimer und freundlicher Dialog, der es erlaubt, dass sie sich wirklich gegenseitig in ihrer jeweiligen

Identität anerkennen. Mutter Esther trägt in diesem Moment der Verzweiflung die ganze notwendige menschliche Nähe bei. Der Schoss ist zweifellos der affektive Raum, den Stein sucht und von dem aus sie im ganzen Werk sprechen wird. In bestimmten Momenten ist die Fremde symmetrisch mit der Königin Esther und mit der Unbefleckten. Wie Matte Blanco sagt, muss man betonen, dass das Konzept der asymmetrischen Beziehungen sich auf diejenigen Symbole bezieht, deren entgegengesetzte immer unterschiedlich sind, während das Konzept der symmetrischen Beziehungen sich mit denjenigen verbindet, deren entgegengesetzte immer identisch sind. Wenn man das Prinzip der Symmetrie anwendet, kann es keinen Sinn der Zeitlichkeit geben, wenigstens nicht im physischen Sinn, der eine Folge von Momenten mit einem vorher-nachher betrachtet. Die aristotelische Logik wird nach Matte Blanco nicht vom unbewussten System respektiert. Die Personen sind gleichzeitig die Königin Esther, die Fremde oder jemand aus dem Alten Testament, mit dem Edith ein Gespräch führt. "Wer sind Sie?" fragt Edith, "Oh mein Gott, hilf mir". Die aristotelische Logik kämpft bei Stein mit der rebellischen Asymmetrie des Unbewussten der Protagonistin, diesem Tier, das sie bändigen will, aber das in ihr lebendig ist.

Im Gespräch erscheint der König Ahasveros, ein hübscher König, der zugleich das Bild der Liebe und der Befreier des Volkes ist. Edith Stein unterhält sich gleichzeitig mit diesen Aspekten der Persönlichkeit (Fremde, Esther, Mutter), indem sie sich in ein einziges emotionelles Erlebnis, ja vielleicht sogar in ein Bild Christi verwandelt.

Die theatralische Schöpfung

Die Prozesssse der theatralischen Schöpfung sind dynamisch und präsentieren einen unbewussten Konflikt, in diesem Fall ist das Drama Edith Steins auf der Suche nach ihrer Identität und im Kampf für ihr Volk im Durchgang von mehreren intelektuellen Phasen ihres Lebens, um in der Begegnung mit dem Religiösen zu enden. Die Königin Esther sucht in den Dialogen mit der Vergangenheit und der Gegenwart ihr altes Leben als Königin des Karmels wiederzufinden, die für ihr altes und aktuelles Volk kämpft. Es erscheint das Lebensprojekt der Persönlichkeit mit dem Trauma der Gegenwart, das sich in der Inszenierung manifestiert. Die dramatischen Bilder drücken Gedanken, Gefühlszustände und persönliche affektive Erfahrungen aus. Alles das wird in die Symbole von *Mitternacht* übertragen. Ramón López bemerkt diesbezüglich:

> Diese Mitternacht ist eine Finsternis. Eine psychologische Finsternis, eine Welt, die einem instantanen Zeitraum währt. Wenn das Werk auch ungefähr eine Stunde dauert, eine reale Zeit die sich ausdehnt, was hier geschieht ist ein Anhalten in einer Fraktion eines Gedanken, die wir alle in dem kurzen Moment vor einer Katastrophe erlebt haben. Wir machen einen Rückblick, wir überprüfen eine Menge von Themen oder Erinnerungen, die man nicht mehr bewusst hat und die plötzlich auftauchen. Was hier das Schöne ist – und wir versuchen es ein wenig zu erreichen – ist die Tatsache, dass das unmittelbare Bevorstehen der Katastrophe, die darin besteht, dass die Nazis kommen und an die Tür klopfen, um sie abzuholen, es ihre Gedanken sind, die erscheinen. Wir wissen, dass die Tür am Ende des Werkes von der Polizei geöffnet wird, von den Abgesandten der SS, die sie suchen, aber in diesem Moment, den sie vorausfühlt, öffnet sie sich wie ein Buch voller

persönlicher Situationen, denen sie vorher nicht ins Auge gesehen hätte.

Das Werk *Mitternacht* ist eine Metasprache, eine Resignifikation der Etapen ihres Lebens: der Tod ihres Vater mit zwei Jahren, ihr Schweigen mit sieben Jahren, das Kommen und Gehen zur Universität mit ihrem Meister Husserl, wie sie sich mit aller Kraft auf das Studium der Philosophie und Phänomenologie stürzt. Schliesslich die Begegnung mit Theresa von Avila, die sie zur Konversion zum Christentum führt.

Im Werk gibt es Momente, in denen verschiedene unterbrochene Ebenen gleichzeitig präsentiert werden, die aber auf der Bühne als eine einzige Einheit erscheinen. Zum Beispiel Edith und ihre Mutter, die diese Beziehung verlässt und wieder die Königin Esther wird. Der Beginn des Werkes ist symmetrisch mit dem Ende, mit demselben Leid an ihrer Beziehung zu ihrer Mutter, aber mit dem Unterschied, dass Edith im letzten Teil genauso wie die Königin Esther und ihre Mutter für ihr Volk bittet. Sie stimmen überein in diesem Flehen, in der Vision des Endes von Ediths Leben und dem Ende des Lebens ihres Volkes, mit einem neuen Haman, der in diesem Fall von Hitler verkörpert wird. Im Verlauf des Gespächs macht man die Endeckung der verschiedenen Brüche im Leben E. Steins. Über ihre Beziehung zu ihrer Mutter öffnet López einen Gesichtspunkt, der die Interpretation vertieft:

> Die Königin Esther ist Edith Stein selbst. Sie spricht wie Stein, aber sie erzählt das, was sie nicht gesagt hatte – oder wie sie es gerne gesagt hätte, aber nicht wagte –. Vielleicht dachte sie an Situationen des Lebens, dann ist es ein Bild, eine Projektion des fraulichen Wunsches, eines Wunsches nach Realisierung eines Modells, das sie besass, weil sie sich in

ihr inspirierte. Die Königin Esther ist ein Modell für das jüdische Volk, sie war ein Vorbild, das einen Rettungsakt vollzogen hat, das ein Opfer gebracht hat, das ihr Leben aufs Spiel gesetzt hat. Dieses Modell wird also von Edith idealisiert und auf sich selbst projektiert. Im Grunde genommen handelt es sich um zwei sehr verschiedene Schauspielerinnen und Frauen, wie Edith Stein selbst hätte sein können. Edith hatte ein formal-öffentliches Verhalten, das wir alle kannten; die harte, die strenge, die masslose. Aber andererseits muss es das andere Ich gegeben haben, die andere Form ihres Lebens, die sie vielleicht diskret und reserviert hielt und die sie in diesem phantastischen und fiktiven Bild projektiert und realisiert hat.

Mit diesen Elementen spielt das Interesse von Edith Stein am Schreiben von dramatischen Texten. Sie bewegt sich mit einer Theatralik, wo Atmosphären und Erzählungen existieren, die nur in Theaterstücken repräsentiert werden können, wie das, welches wir analysieren. Zweifellos interessierte sich Edith Stein auch für das Theater, wir wissen von ihren Vorführungen im Karmel und von ihrer besonderen Anziehung für das Purimfest.

"Ich habe ein gepeinigtes Leben geführt, ich nahm an einem Ball teil, wo alle gelacht haben und habe mich geschämt", erklärt Edith in *Mitternacht*. Im Gegensatz dazu kehrt die Königin Esther zum Alten Testament zurück und zeigt, wie sie unter allen Mädchen vom König Ahasveros wegen ihrer Schönheit und Fraulichkeit auserwählt wurde. Kehren wir zu Edith zurück, die das Gegenteil ist, das schweigsame junge Mädchen, "das naseweise Mädchen", das aber vielleicht einen tiefen Wunsch nach Anerkennung hat. Eines Tages schrie ihr eine Kusine im fiktiven Werk zu: "lass mich doch auch einmal recht haben". Edith wurde als Buch mit sieben Siegeln empfunden, als eine introvertierte Person, die die Bücher anbetete und nicht sehr kommunikativ war. In Beziehung zu den jungen Männern, die sie anzogen, geschah dasselbe: sie ging auf Distanz und die jungen Männer nahmen sie nicht wahr.

"Das Leben erschien mir unerträglich, während ich mich selbst mehr entdeckte, um so mehr verlor ich mich. Es war die dunkle Nacht meines Lebens", sagt Edith in *Mitternacht*. Edith Stein ist ein sehr bedeutendes Zeichen im zwangzigten Jahrhundert. Dieses Theaterstück *Mitternacht* nimmt die Achsen der modernen Dramaturgie (= vertikale Dramaturgie) auf, wo durch die Symbole ein konstanter Prozess des Kennens und Nichtkennens entsteht, indem man annimmt, dass man etwas weiss, aber sich auch immer öffnet für das Unbekannte. Ramón López führt diesbezüglich Folgendes aus:

> Das Erleuchtende ist hier keine physische Tatsache. Sie findet das Licht, weil sie der Spiritualität begegnet. Es gibt einen Schatten, weil der Raum ein dunkler Raum ist, es gibt nicht mal eine Lichtquelle, es gibt keine Lampen, keine Kerzen, sondern nur ein abstraktes Theaterlicht. Das einzige reale Licht dringt am Anfang durch das Fenster ein, aber das ändert sich, als Esther erscheint. Der Raum wird durch ein Licht der Phantasie erleuchtet, ein übernatürliches Licht. Danach wird die Atmosphäre gemäss der Erzählung konstruiert, um das Gesprächsklima zu unterstützen, aber es gibt einen bleibenden Schatten, das Thema der dunklen Nacht, das so viele Bedeutungen und Symbole hat. (…) Das ermöglicht dir das Theater, das dir erlaubt, Ellipsen zu machen. Es erlaubt dir, parallele Erzählungen

zu konstruieren. Dieselbe Esther verwandelt sich in die Mama, weil sie da ihre Mutter sieht. Das Publikum sieht sie auch mit diesen Blick, mit den Augen Steins.

Wenn man die Merkmale des unbewussten Systems analysiert, ist das Fehlen von gegenseitigen Kontradiktionen nach Matte Blanco Konsequenz der gemeinsamen Anwendung der Prinzipien der Generalisierung und Symmetrie, weil die Elemente, die für das bewusste System als kontradiktorisch erscheinen, in einer weitumfassenden Gruppe von seiten der Symmetrie eingeschlossen sind und als identisch behandelt werden. Wenn die Asymmetrie verschwindet, muss auch die Kenntnis des Kontradiktorischen verschwinden.

Auf diese Weise begegnet dieses Theaterstück dem Leben und Tod Edith Steins in einem symbolischen Prozess mit zeitlicher Mobilität zwischen Gegenwarrt, Vergangenheit und Zukunft, die miteinander verschmelzen. Es handelt sich um eine Synthese, die die tiefsten Aspekte offenbart, die die Dynamik der erzählten Geschichte mit vielen Aspekten, die noch über das Geschehen hinausgehen, organisiert, und die die tiefe Bedeutung der Begegnung dieser zwei Frauen erforscht, die das Zentrum des Werkes *Mitternacht* sind.

Die Sorge um das Religiöse in dieser Epoche von Kriegen und Massakern emphiehlt einen Text, der sich manchmal der Filmkunst nähert und – natürlich – dem nicht-aristotelischem, sondern mehr symbolischen oder abstrakten Theater. Wenn das Theater von Aristoteles als eine Nachahmung des Lebens, als Mimesis und Handlung definiert wird, dann repräsentiert *Mitternacht* zweifellos die dramatischen Handlungen des gesamten Lebens der Edith Stein. Die Personen verkehren miteinander und erzählen nicht nur die Geschichte.

Dieses Werk ereignet sich nicht in konkreten Räumen und sein Kontext ist weder die Gesellschaft noch ihr grösstes Missbehagen. Das Werk geht darüber hinaus und vertieft sich in eine Dramaturgie, die den Geist und die Dramatik des zwangzigsten Jahrhunderts sucht, und endet mit den Augen Edith Steins in einem Blick auf das Kreuz Christi. Der Geist des Auferstandenen durchzieht das ganze Werk, das auf mehreren Ebenen geschrieben wurde, die sich in nur einer Zeit zusammenfinden, in einem Werden zwischen Altem und Neuem Testament, im Durchgang durch ein Europa, das die grosse Nacht des Nationalsozialismus als Kontext dieses Werkes erlebt. Der grösste dramatische Konflikt ist der von Edith mit ihrer Mutter, indem sie die hebräische Kultur verlässt und sich für die christliche Welt öffnet. Die Bestätigung der Hoffnung auf die Erlösung in diesen theatralischen Dialogen, die nicht mehr Teil der Umgangssprache sind, ist eine Heldentat von einer Grössenordnung, die den Theatersaal die ganze Saison gefüllt hat. Die Sprache stellte sich in den Dienst des Neuen im Ausgang von der persönlichen und historischen, der privaten und sozialen Nacht der Edith Stein. Es handelt sich um miteinander verknüpfte Knoten ihrer Kinheit: die Schuld, die Müdigkeit, die Mutter, um schliesslich zum Leid des Gekreuzigten und zu ihrem eigenen Tod in Ausschwitz zu gelangen.

Der nächtliche Dialog *Mitternacht* ist die dialogische Suche nach dem Tod Christi am Kreuz, als der Himmel, obwohl es Tag war, sich völlig verfinsterte. Dort findet Edith Stein die Wahrheit nach einem langen Weg zwischen dem Alten und Neuen Testament und der ganzen Philosophie ihres Zeitalters, und dort bittet sie um die Rettung ihres Volkes. Sie bittet den damaligen Papst um Hilfe, damit er sich bewusst macht, was in Deutschland passiert. Dieser Brief ist die grosse Auflehnung gegen eine Kirche, die anscheinend nicht auf diese riesige Ungerechtigkeit reagierte. So wie die Königin Esther eine ähnliche Aktion unternahm, so interveniert Edith Stein für die Juden und die Menschheit.

Edith Stein ist ein gewaltiger Schrei des zwangzigsten Jahrhunderts auf der Suche nach Rettung eines Volkes, das den grössten seiner schmerzerfüllten Abgründe im Angesicht der sich selbst zerstörenden Menschheit erleidet.

Consuelo Morel Montes
Fakultät der Künste
Pontificia Universidad Católica de Chile

Diálogo nocturno

Nächtliche Zwiesprache

Diálogo nocturno
por Edith Stein

Nota introductoria

La obra en castellano que presentamos es una versión tomada del texto original alemán y de la edición española adaptada para un público iberoamericano: Edith Stein. *Obras Completas, V. Escritos espirituales*. Burgos: Editorial Monte Carmelo, 2004.

Este trabajo fue realizado por el equipo interdisciplinario del Centro UC Teatro y Sociedad, y el Centro UC Edith Stein, gracias al concurso Artes, Tecnologías, Ciencias y Humanidades 2016, de la Vicerrectoría de Investigación de la Pontificia Universidad Católica de Chile.

Personajes:

MADRE SUPERIORA

LA EXTRANJERA / REINA ESTER

> *(De noche, en su celda, la Madre se ha dormido*
> *mientras escribe. Se despierta sobresaltada).*

LA MADRE:

Se me cae la pluma de la mano cansada.

¡Pensaba hacer hoy tantas cosas...!

Pero ya es casi medianoche y la naturaleza

exige sus derechos y no admite restricciones.

Trataré de acabar una carta.

(Escribe un poco. La cabeza se le cae nuevamente sobre
la mesa. Tocan dos veces al timbre. Se despierta).

¿Y encima el torno en medio de la noche?

(Llaman a la puerta).

Ahora llaman a la puerta. ¡Se abre!
¡Oh, Jesús mío! ¡Ayúdame!

(Entra una figura femenina vestida de peregrina).

LA EXTRANJERA:

¡La paz sea contigo!
¡No temas! La que viene de noche y se te acerca
es una suplicante, y no tiene más arma
que estas manos alzadas.

LA MADRE:

¡Habla entonces!
Con gusto haré lo que pidas
si está en mis manos. El miedo ha desaparecido.
Tu palabra es suave, tu mirada llena de paz
viene a mí como de una eterna vastedad
y despierta en mi corazón una nostalgia celestial.
Entonces ven aquí y descansa: largo camino has
recorrido.

(La invita a sentarse).

LA EXTRANJERA:

¡Gracias por tu bondad! Es cierto, vengo de lejos,
de tierra en tierra, de puerta en puerta.
Siempre en busca de refugio.

LA MADRE:

¿En busca de refugio? ¡Cómo me estremece esta palabra!
Me hace recordar a la Purísima, a la Inmaculada,
que un día, como en este tiempo, buscaba refugio.

(Se arrodilla).

Dime, ¿no serás tú misma la Virgen Madre?

LA EXTRANJERA: *(Se levanta).*

No lo soy, pero la conozco muy bien,

y mi alegría está en servirla.

Yo soy de su pueblo, de su sangre,

y mucho antes arriesgué mi vida por este pueblo.

Pensarás en ella cuando oigas mi nombre.

Mi vida es imagen de la suya.

LA MADRE:

¡Enigma difícil de resolver!

¿Cómo puedo entenderlo?

¿Eres tú una de esas mujeres que llamamos Ejemplares?

¿Tú arriesgaste la vida por tu pueblo?

¿Y no tenías más arma

que unas manos suplicantes?

¡Entonces tienes que ser Ester, la reina!

ESTER:

Así me han llamado. ¿Y tú conoces cómo fue mi

historia?

LA MADRE:

Así como dicen las Escrituras,

siempre me ha conmovido:

una tierna niña que perdió padre y madre[1].

ESTER:

Mi tío Mardoqueo fue para mí padre y madre.

¡No, fue más! Sobre todo porque me condujo al

verdadero Padre,

el Padre de todos nosotros que está en el Cielo.

El corazón de mi tío se consumía apasionadamente

en el amor por Dios y por su pueblo.

Para ellos me educó. Y aunque crecí

lejos de mi tierra, de mi hogar, vivía protegida

como en el silencio del santuario de Dios.

Leí los libros sagrados de mi pueblo,

que en el exilio era esclavo,

y que suplicaba ardientemente que viniera el Salvador.

LA MADRE:

Un destino inesperado te alcanzó.

¡Igual que a la Virgen María!

ESTER:

Los mensajeros recorrían la Tierra

en busca de la más hermosa esposa para el rey[2].

Fui conducida a la corte, y no pensé nunca

que la mirada del Señor se fijaría en esta pobre sierva.

LA MADRE:

Cuando leí esto en el Libro de los libros,

sentí un peso en el corazón,

viendo tu alma sufrir profundamente,

deshaciéndose en lágrimas no lloradas.

ESTER:

Fue difícil.

Pero era la voluntad de Dios,

y así permanecí en la corte del rey como la sierva del
Señor.

Mi fiel tío me siguió.

Venía a menudo a la puerta del palacio y

me contaba de las miserias y peligros de nuestro pueblo.

Así llegó el día en que me acerqué al rey

para suplicar la salvación ante el enemigo mortal[3].

De su mirada dependía la vida o la muerte.

Me apoyé en los hombros de mis siervas.

Ya no temblaba ante la ira de mi esposo.

Con gran delicadeza dirigió sus ojos hacia mí.

Lleno de benevolencia me entregó el cetro.

Entonces mi espíritu fue arrebatado más allá del espacio
y del tiempo.

Arriba en las nubes había otro trono,

donde mora el Señor de los señores, ante el cual
palidece toda vanagloria de los señores de la Tierra.
Él mismo, el Eterno, se inclinó ante mí
y me prometió la salvación de mi pueblo.
Caí como muerta ante el trono del Altísimo.
En los brazos de mi esposo me reencontré.
Me habló amorosamente y me prometió
cumplir mis deseos, fuese lo que fuese[4].
Así libró el Altísimo a su pueblo
de las manos del tirano Amán,
por medio de Ester, su sierva.

LA MADRE:

Hoy ha surgido un nuevo Amán[5]. Ha jurado
con un odio amargo la ruina del mismo pueblo.
¿Será por eso que Ester ha regresado?

ESTER:

Tú lo has dicho.
Sí, voy vagando por el mundo,
implorando refugio para los que no tienen patria,
para el pueblo expulsado y pisoteado
que no puede morir.

LA MADRE:

Entonces, ¿no has muerto como mueren todos los
hombres?
¿Fuiste arrebatada, igual que Elías[6],
quien, como dicen, también anda como peregrino?

ESTER:

Morí como todos, y fui enterrada
con gloria; pero mi alma
fue guiada por su ángel protector
hasta el lugar de la Paz, donde encontró
su descanso, junto a sus padres, en el seno de Abraham.

LA MADRE:

¿En el seno de Abraham, como el pobre Lázaro[7]?

ESTER:

Como todos los que sirven al Señor fielmente, como
nuestros Padres,
allí descansábamos en paz,
aunque lejos de la luz y siempre ansiosos de ella.
Pero llegó el día en que se abrió una grieta
en la creación entera. Todos los elementos
se encontraban en un estado de rebelión.
La noche cubrió el mundo en pleno día.
Sin embargo, en medio de la noche, como iluminada por
un rayo,
apareció sobre un monte calvo una cruz,
y en esa cruz colgaba uno que sangraba por mil heridas;
a nosotros nos invadió una sed
de beber la salvación de la fuente de estas llagas.
La cruz desapareció en la noche, pero nuestra noche
fue improvisadamente iluminada por una nueva luz,
como no habíamos sospechado: una luz dulce y feliz.
Provenía de las llagas de aquel hombre
apenas recién muerto sobre la cruz;
de repente apareció en medio de nosotros.
Él mismo era la luz,
la luz eterna, esperada desde siempre,
resplandor del Padre y salvación de los pueblos.
Abrió sus brazos y nos habló
con una voz celestial:
"Vengan a mí todos los que fielmente sirvieron al Padre
y vivieron con la esperanza en el Salvador;
miren, él está con vosotros,
nos conduce al Reino de su Padre".

Lo que entonces ocurrió, no hay palabras que lo
describan.
Todos nosotros, que esperábamos la felicidad,
habíamos alcanzado la meta en el corazón de Jesús.

LA MADRE:

¡Para!, si no quieres romper mi corazón
con ansias de tanta felicidad.
Pero no, continúa, sigue hablando de nuestro Padre.

ESTER:

Contemplaba en el espejo de la eterna claridad
lo que ocurría aquí en la Tierra.
Vi a la Iglesia nacer de mi pueblo;
como un tierno retoño floreciente, vi a la Inmaculada
como su corazón,
vástago puro de David.
Vi fluir del corazón de Jesús
la plenitud de la gracia en el corazón de la Virgen,
y de allí vi fluir la corriente de vida hacia todos.
Y llegó de nuevo el día en que la Bienaventurada
fue llevada por los coros angélicos
hasta el trono del Altísimo.
Su cabeza estaba adornada con una corona de estrellas
y, como el sol, irradiaba esplendor del cielo.
Pero yo me sentía ligada a ella
desde la eternidad, según el designio de Dios, y para
siempre.
Mi vida solo era un reflejo de la suya.

LA MADRE:

¿Y has abandonado la luz beata, dichosa luz,
para caminar nuevamente en la Tierra?

ESTER:

Esa es la voluntad de ella y también la mía.
La Iglesia ha florecido, pero gran parte

del pueblo está lejos del Señor y de su madre,
como enemigo de la cruz.
Sigue vagando y no encuentra paz;
es objeto de escarnio y desprecio.
Así será hasta la última batalla.
Pero antes de que la cruz aparezca en el cielo,
antes de que Elías venga a reunir a los suyos,
el Buen Pastor recorre silencioso la Tierra.
Y va por los abismos recogiendo a los corderos para
abrazarlos junto a su corazón.
Y siempre hay alguien que lo sigue.
Pero allí arriba, ante el trono de la Gracia,
no deja de interceder la Madre por su pueblo.
Ella busca almas que la ayuden a orar.
Solo entonces, cuando Israel haya encontrado al Señor,
solo entonces, cuando Él sea acogido por los suyos,
vendrá en el esplendor de su gloria.
Y esta segunda venida tiene que ser suplicada.

LA MADRE:

Ahora entiendo, como una vez tu misión consistió
en preparar el camino,
ahora vienes para abrir el camino del reino de la gloria.
Tú has venido a mí: ¿comprendo ahora tu mensaje?
Te envía la reina del Carmelo.
¿Dónde podría encontrar corazones dispuestos,
sino en su silencioso santuario?
A su pueblo, que es el tuyo, –tu Israel–,
le ofrezco refugio en mi corazón
orando y sacrificándome en lo escondido
para llevarlo a la patria, al corazón de mi Salvador.

ESTER:

Puesto que has comprendido, ya puedo marcharme.
Estoy segura de que no olvidarás esta visita,

que a ti vino en la hora de la medianoche.
Nos veremos nuevamente en el gran día,
el de la manifestación de su gloria,
cuando sobre la cabeza de la reina del Carmelo
brille una corona de estrellas
porque las doce tribus han encontrado a su Señor.
¡A Dios!

NOTAS

1   Cf. Est 2,7.

2   Cf. Est 2,2-4.

3   Cf. Est 2,14-15.

4   Cf. Est 5,6.

5   Edith Stein se está refiriendo a Hitler y su persecución contra los judíos.

6   Cf. Re 2,11.

7   Clara referencia a la parábola del rico Epulón y el pobre Lázaro, cf. Lc 16, 19-35.

Nächtliche Zwiesprache
Von Edith Stein

Einleitende Anmerkung

Die Arbeit auf Spanisch, die wir präsentieren, ist eine Version aus dem deutschen Originaltext und aus der spanischen Ausgabe, die für ein iberoamerikanisches Publikum adaptiert wurde. Edith Stein. *Obras Completas, V. Escritos espirituales*. Burgos: *Editorial Monte Carmelo*, 2004. Dank des Wettbewerbs für Kunst, Technologien, Wissenschaften und Geisteswissenschaften 2016 des Vizepräsidenten für Forschung an der Pontificia Universidad Católica de Chile, wurde diese Arbeit vom interdisziplinären Team des Zentrums UC Teatro y Sociedad und dem Zentrums UC Edith Stein durchgeführt.

Personen:

    MUTTER OBERIN

    DIE AUSLÄNDERIN / KÖNIGIN ESTHER

       (Nachts in ihrer Zelle, beim Schreiben eingeschlafen; schrickt auf)

MUTTER:

    Die Feder glitt mir aus der müden Hand.

    Soviel gedacht ich heute noch zu tun.

    Doch Mitternacht ist nah, und die Natur

    Verlangt ihr Recht und duldet keinen Zwang.

    Den einen Brief versuch' ich noch zu enden.

(Schreibt ein wenig; der Kopf sinkt wieder auf den Tisch)

2 Schellenzeichen.

(Fährt auf):

Die Winde jetzt noch – mitten in der Nacht?
(Es klopft) Nun pocht es an der Tür – sie öffnet sich –
Mein Jesus hilf!

(Eine weibliche Gestalt tritt ein,

nach Pilgerart gekleidet. Spricht):

Der Friede sei mit dir!
O fürchte nichts! Die nächtlich sich dir naht,
Ist eine Flehende, hat andere Waffen nicht
Als aufgehobne Hände.

MUTTER:

O, so sprich!
Gern tu ich alles dir, was du begehrst,
Steht's nur in meiner Macht. Die Furcht entschwand.
Dein Wort ist mild und friedevoll dein Blick,
Er kommt zu mir gleich wie aus ew'gen Weiten,
Und Himmelssehnsucht weckt er mir im Herzen.
Doch komm und ruh! Du gingst wohl weiten Weg.

(Nötigt sie zum Sitzen.)

DIE FREMDE:

Dank deiner Güte! Ja, ich ging schon weit,
Vom Land zu Lande und von Tür zu Tür.
Zum Herbergsuchen bin ich ausgezogen.

MUTTER:

Zum Herbergsuchen? Wie das Wort mich rührt!
An jene Reine mahnt es mich, die Unbefleckte,
Die einst um diese Zeit auch Herberg suchte.

(Kniet nieder):

O sag! Bist du es selbst: die Jungfrau – Mutter?

92

FREMDE *(hebt sie auf)*:

> Ich bin es nicht – doch kenn' ich sie gar wohl,
> Und meine Seligkeit ist's, ihr zu dienen.
> Ich bin aus ihrem Volk, von ihrem Blut,
> Und einst wagt' ich mein Leben für dies Volk.
> Ihr denkt an sie, wenn euch mein Name klingt.
> Mein Leben gilt als Bild des ihren euch.

MUTTER:

> Ein Rätsel, seltsam schwer von Sinn –
> Wie soll ich's fassen?
> Der Frauen eine bist du, die wir <Vorbild> nennen?
> Du setztest für dein Volk auf's Spiel das Leben?
> Und hattest damals wohl schon keine Waffe,
> Als die zum Flehen aufgehob'nen Hände?
> So bist du Esther wohl, die Königin?

ESTHER:

> So hat man mich genannt. Du kennst mein Los.

MUTTER:

> So weit davon die heil'gen Bücher künden.
> Es hat mich stets gerührt – ein zartes Kind
> Verlorst den Vater und die Mutter du.

ESTHER:

> Der gute Ohm ward Vater mir und Mutter.
> Doch nein – zum wahren Vater führt er mich,
> Dem Vater unser aller hoch im Himmel.
> Des Oheims Herz brannt' heiss in Leidenschaft,
> In hei'ger Glut für Gott und für sein Volk.
> Für sie erzog er mich. So wuchs ich auf.
> Der Heimat fern und doch gehütet
> Wie in des Tempels stillem Heiligtum.
> Des Volkes heil'ge Schriften las ich,
> Das nun in fremdem Land in Knechtschaft war,
> Und flehte heiss, dass ihm der Retter komme.

MUTTER:

Wie Unsere Liebe Frau und auch gleich ihr
Ward plötzlich dir ein ungeahntes Los.

ESTHER:

Des Königs Boten zogen durch das Land,
Zu suchen nach der schönsten Königsbraut.
Ich ward zum Hof geführt, eh' ich's gedacht.
Der Blick des Herrn fiel auf die arme Magd.

MUTTER:

Wenn ich im Buch der Bücher davon las,
Ward mir das Herz gar schwer, es war mir,
Als säh ich Deine Seele voll von tiefem Leid
Und ungeweinten Tränen.

ESTHER:

Wohl ward es schwer.
Doch war es Gottes Wille, und ich blieb
Am Königshof die arme Magd des Herrn.
Der treue Oheim war mir nachgefolgt.
Er kam gar oft zu des Palastes Tor und brachte Botschaft
Von unsres Volkes Nöten und Gefahr.
So kam der Tag, da ich dem König nahte,
Um vor dem Todfeind Rettung zu erfleh'n.
An seinem Blick hing Leben oder Tod.
Ich stützte mich auf meiner Mägde Schultern.
Doch bang't ich nicht vor meines Gatten Zorn.
Gar freundlich schaut' sein Auge mir entgegen.
Das Zepter reicht' er voller Huld mir dar.
Da ward aus Zeit und Raum mein Geist entrückt.
Hoch in den Wolken war ein and'rer Thron,
Darauf der Herr der Herrn, vor dem verbleicht
Der ird'schen Herrscher eitle Herrlichkeit.
Er selbst, der Ewige, neigt' sich hernieder,
Und Rettung meines Volkes verhiess Er mir.

Wie tot sank vor des Höchsten Thron ich hin.
In meines Gatten Arm fand ich mich wieder.
Er sprach mir liebreich zu, jedweden Wunsch –
Was es auch sei – wollt' er gewähren.
So hat aus Hamans Hand der höchste Herr
Durch Esther, seine Magd, sein Volk befreit.

MUTTER:

Und heute hat ein and'rer Haman ihm
In bitt'rem Hass den Untergang geschworen.
Ist's darum wohl, dass Esther wiederkehrt?

ESTHER:

Du sagst es. – Ja, ich ziehe durch die Welt,
Den Heimatlosen Herberg' zu erflehen,
Dem stets vertrieb'nen und zerstret'nen Volk,
Das doch nicht sterben kann.

MUTTER:

Wie seltsam!
Starbst Du denn nicht, wie and're Menschen sterben?
Wardst gleich Elias lebend du entrückt,
Der, wie man sagt, auch als ein Pilger wandert?

ESTHER:

Ich starb den Tod der Menschen, ward begraben
Mit königlichen Prunk; doch meine Seele
Geleitete der Engel, ihr Behüter
Zum Ort des Fiedens, ihre Ruhe fand sie
Im Schosse Abrahams, bei ihren Vätern.

MUTTER:

Im Schosse Abrahams – Wie Lazarus?

ESTHER:

Wie alle, die dem Herrn in Treu' gedient
Nach Väterart. Wir harrten dort in Frieden,
Noch fern dem Licht, darum in Sehnsucht stets.
Doch kam ein Tag, da durch die ganze Schöpfung

Ein Riss ging. Alle Elemente schienen
Im Zustand der Empörung, Nacht umhüllte
Die Welt zur Mittagszeit. Doch mitten in der Nacht
Stand, wie vom Blitz erhellt, ein kahler Berg
Und auf dem Berg ein Kreuz, dran einer hing,
Aus tausend Wunden blutend; uns befiel ein Durst,
Aus dieser Wunden Quell uns Heil zu trinken.
Das Kreuz verschwand in Nacht, doch uns're Nacht
Durchdrang mit einemmal ein neues Licht,
Wie nie wir es geahnt: ein süsses, sel'ges Licht.
Es strömte aus den Wunden jenes Mannes,
Der eben erst am Kreuz verschied; nun stand er
In uns'rer Mitt. Er war selbst das Licht,
Das ew'ge Licht, das wir ersehnt von alters,
Des Vaters Abglanz und der Völker Heil.
Er breitete die Arme weit und sprach
Mit einer Stimme voller Himmelsklang:
Kommt zu mir alle, die ihr treu gedient
Dem Vater und in Hoffnung lebtet
Auf den Erlöser; seht, er ist bei Euch,
Er holt euch heim, in seines Vaters Reich.
Was nun geschah, vermag kein Wort zu sagen.
Wir alle, die die Seligkeit erharrten,
Wir waren nun am Ziel – in Jesu Herz.

MUTTER:

Halt ein, wenn nicht mein Herz zerbrechen soll
Von Sehnsucht nach so grosser Seligkeit.
Doch nein – sprich weiter, von der Heimat sprich!

ESTHER:

Im Spiegel ew'ger Klarheit schaut' ich nun,
Was auf der Erde fernerhin geschah.
Ich sah aus meinem Volk die Kirche wachsen,
Ein zart erblühend Reis, sah als ihr Herz

Die Unbefleckte, Reine, Davids Spross.
Ich sah aus Jesu Herz herniederflissen
Die Gnadenfülle in der Jungfrau Herz,
Von da fliesst zu den Gliedern des Lebens Strom.
Und wieder kam ein Tag, da ward die Sel'ge
Von Engelchören hoch emporgetragen
Bis zu des Allerhöchsten Thron.
Mit einer Sternenkrone ward ihr Haupt geziert
Und sonnengleich umfloss sie Himmelsglanz.
Ich aber wusste nun mich ihr verbunden
Von Ewigkeit nach Gottes Rat – für ewig.
Mein Leben war ein Strahl von ihrem nur.

MUTTER:

Und Du verliessest dieses sel'ge Licht,
Um Erdenwege wiederum zu geh'n?

ESTHER:

So ist's ihr Wille, der auch meiner ist.
Die Kirche war erblüht, doch abseits blieb
Des Volkes Masse, fern vom Herrn
Und seiner Mutter, feind dem Kreuz.
Es irrt umher und kann nicht Ruhe finden,
Ein Gegenstand des Hohns und der Verachtung:
Das wird so bleiben bis zum letzten Kampf.
Doch eh' das Kreuz am Himmel noch erscheint,
Eh' noch Elias sammeln kommt die Seinen,
Geht durch die Länder still der Gute Hirt.
Aus Abgrundtiefen holt er da und dort
Ein Lämmlein, birgt's an seinem Herzen.
Und immer folgen and're ihm dann nach.
Dort oben aber fleht am Gnadenthron
Die Mutter unablässig für ihr Volk.
Sie sucht nach Seelen, die ihr beten helfen.
Denn erst, wenn Israel den Herrn gefunden,

Erst dann, wenn Ihn die Seinen aufgenommen,
Kommt Er in offenbarer Herrlichkeit.
Und dieses zweite Kommen muss erbeten sein.

MUTTER:

Wie einst das erste – ich versteh' es wohl.
Du warst dem ersten Kommen Wegbereiterin,
Nun schaffst du Bahn zum Reich der Herrlichkeit.
Du kamst zu mir – versteh' ich nun die Botschaft?
Die Königin des Karmel sendet dich,
Wo anders fände sie bereite Herzen,
Wenn nicht in ihrem stillen Heiligtum?
Ihr Volk, das deines ist: dein Israel,
Ich nehm' es auf in meines Herzens Herberg'.
Verborgen betend und verborgen opfernd
Hol' ich es heim an meines Heilands Herz.

ESTHER:

Du hast verstanden, und so kann ich scheiden.
Ich bin gewiss, der Gast wird nicht vergessen,
Der zu dir trat in mitternächt'ger Stunde.
Wir seh'n uns wieder an dem grossen Tag,
Dem Tag der offenbaren Herrlichkeit,
Wenn überm Haupt der Karmelkönigin
In hellem Glanz die Sternenkrone schimmert,
Weil die 12 Stämme ihren Herrn gefunden.
Leb wohl!

Medianoche

Mitternacht

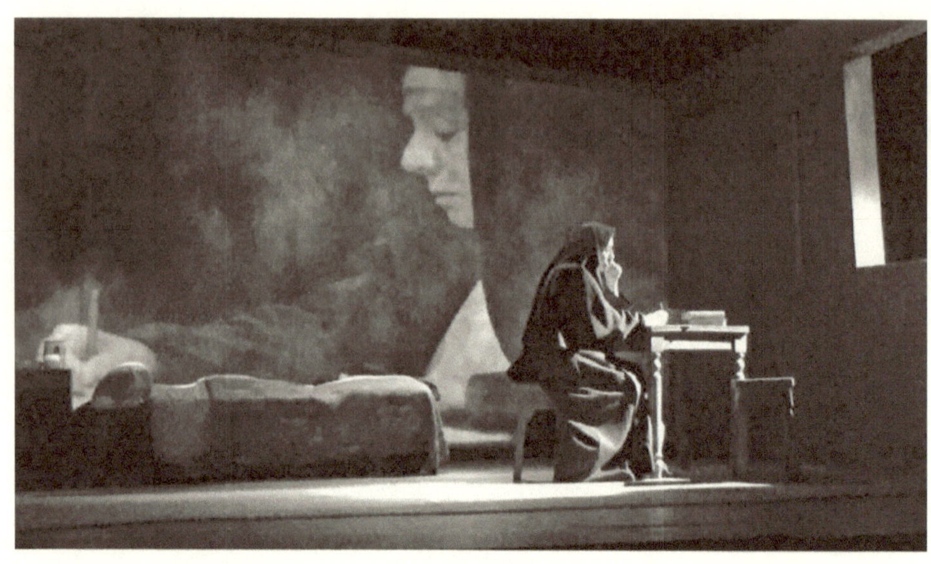

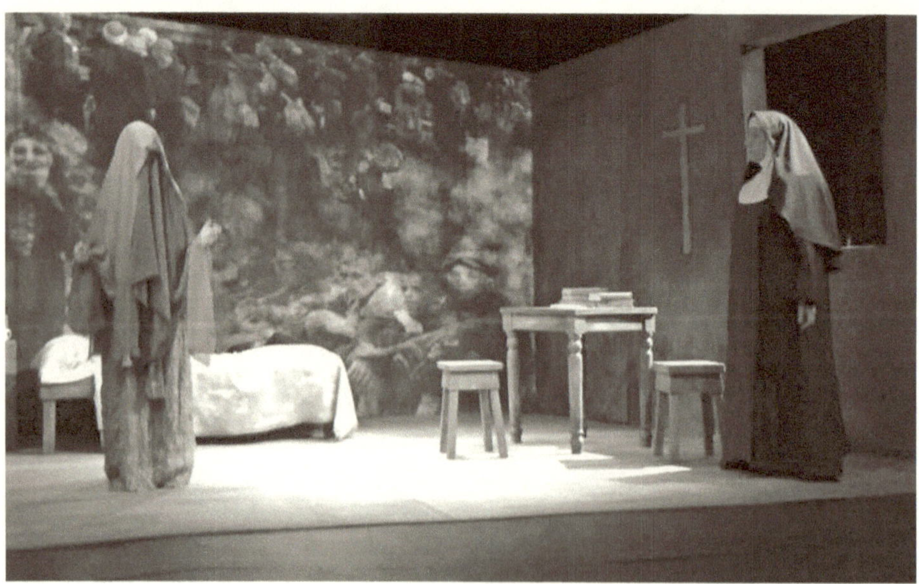

Montaje de Medianoche *(2017). Fotografías de Ramón López.*

Medianoche

Adaptación libre de la obra *Diálogo nocturno* de Edith Stein.
Por Florencia Martínez E.

Personajes:
> Edith Stein
> La extranjera
> Que también es: La reina Ester, la Madre de Edith,
> ¿o tal vez la misma Edith?

La acción ocurre en una celda del Carmelo de Echt, Holanda. Iluminada en medio de la oscuridad, se aprecia una mesa simple que sirve como escritorio. Sobre ella está Edith Stein, que se ha quedado dormida mientras escribía una carta. La noche entra amenazante por la ventana.

-I-

(Edith duerme sobre su escritorio. De pronto despierta sobresaltada y lee).

EDITH:

Madre, el silencio de la noche llena mi celda de pensamientos hacia ti. Qué difícil me resulta escribirte. Nuestro último encuentro fue para mí doloroso y por varios días eso me impidió tomar un lápiz sin verlo como un arma de doble filo. Podías salir herida tú. Podía salir herida yo. Pero no hay tiempo. Una vez más intentan exterminar a nuestro pueblo e intuyo que mi final se acerca. El Señor me acompaña y no siento temor ante la muerte. Pese a eso, no puedo terminar el día tranquila. Vuelve a mi pensamiento tu mirada de incomprensión y ensombrece mi espíritu. *(Pausa).* Tal vez debiera renunciar a esta carta. Me siento tentada con dejar caer el lápiz y abandonarme en el sueño. Estoy cansada. Pero hay noches en que es peor dormir. Sueño con un ruido espantoso, mamá, es el rugido de un animal raro, enorme, y brota en mí un estado de ira que no puedo tolerar. Entonces despierto de golpe, asustada. *(Pausa).* Pero durante el día la vida en este convento mantiene a raya mis temores y me siento completamente tranquila. Las hermanas son muy buenas conmigo. Trabajamos mucho en las tareas domésticas, que nunca me gustaron, ¿te acuerdas? Ahora las hago con total entrega, pues siento que todas mis acciones son una larga e íntima conversación con Dios. En eso consiste mi vida. Hay tanto que hacer aquí, mamá, que tengo que arrancarle momentos al día y la noche para avanzar en mis escritos. Pero llego tan cansada que involuntariamente me vuelvo a dormir. Ahí emergen mis temores. A veces siento que el Señor no me acompaña en mis sueños.

¿Por qué, Dios mío? Todos los sufrimientos que vienen de fuera no son nada en comparación con la oscura noche del alma. ¿Por qué estás oculto en mis sueños y callas? *(Pausa)*.

Mañana sigo esta carta. Cuando tengo una tarea grande por delante, me seduce cualquier excusa para abandonarla. ¿Será por la terca desconfianza sobre mí misma? Ese secreto de Edith Stein solo lo conoce Edith Stein. Tengo mucho trabajo que hacer, pero no lo puedo continuar si no dejo afuera esta angustia que me ahorca la garganta. Ya es casi medianoche y la naturaleza exige sus derechos y no admite restricciones. Madre, no quiero dormir, un animal monstruoso está rugiendo y no sé cómo matarlo.

> *(Escribe un poco más, pero la cabeza se le cae nuevamente sobre la mesa. Se duerme. De pronto, tocan de manera urgente dos veces la puerta del convento. Edith despierta)*.

EDITH:

¿Y encima el torno en medio de la noche?

> *(Golpean la puerta)*.

¿Quién es?

> *(Edith va hacia la puerta, pero esta se abre antes de que ella la toque, dejando entrar la luz de la noche)*.

EDITH:

¡Jesús mío! ¡Ayúdame!

> *(Camina hacia ella una figura femenina vestida de peregrina con la cabeza cubierta. Se detiene)*.

LA EXTRANJERA:

¡La paz sea contigo!

EDITH:

¿Quién eres?

> *(La extranjera levanta sus manos)*.

LA EXTRANJERA:

¡No temas! La que viene de noche y se te acerca es una suplicante, y no tiene más arma que estas manos alzadas.

(Pausa).

EDITH:

¡Habla entonces! Haré lo que pidas, si está en mis manos.

LA EXTRANJERA:

Tú me trajiste. Tú me llamaste. Llevo siglos caminando y por fin te he encontrado. *(Pausa).* Edith Stein, la niña judía, la joven atea. La dama filósofa. La feminista cristiana, la monja carmelita. La santa mártir.

EDITH:

¿Me conoces? *(Pausa).* Tu palabra es dulce y llena de paz.

(Pausa).

LA EXTRANJERA:

Te conozco. *(Pausa).* Pero antes de seguir conversando necesito tenderme. Siento que mi corazón oprimido va a estallar.

(La extranjera se tiende. Edith intenta ayudarla).

EDITH:

Tus palabras suenan como si salieran de mi boca. ¿En qué puedo ayudarte?

(Pausa).

LA EXTRANJERA:

(Urgente). No hay tiempo, Edith, hay que prepararse para lo peor.

EDITH:

Lo sé. Aunque estoy protegida por los gruesos muros de esta celda, lo que pasa allá afuera entra como humo invisible por el torno y viene a atacarme en las noches.

LA EXTRANJERA:

Lo que pasa afuera es tenebroso. Nuestro pueblo está sufriendo.

EDITH:

¿Eres de mi pueblo? *(Pausa)*. No necesito ver para saberlo.
Me afligen tus palabras. *(Pausa)*. ¿Qué viste?

(La extranjera se pone de pie).

LA EXTRANJERA:

Imágenes espantosas. Trenes que trasladan carga
humana. Ojos de niños, enormes, por el hambre y el frío.
Nuestro pueblo es atacado otra vez por el salvajismo de
la humanidad. Quisiera sacarme los ojos, como el viejo
Edipo, pero no puedo. Tú y yo, estamos condenadas a ver.

(Edith le extiende la mano y la ayuda a sentarse).

EDITH:

No sé quién eres, pero mi miedo ha desaparecido. Tu
palabra despierta en mi corazón una nostalgia celestial.
Ven y descansa: largo camino has recorrido.

(La extranjera se sienta).

LA EXTRANJERA:

Gracias. Es cierto, vengo de lejos, de tierra en tierra, de
puerta en puerta. Siempre en busca de refugio.

EDITH:

¿En busca de refugio? ¡Cómo me estremece esta palabra!
Me hace recordar a la Purísima, a la Inmaculada, que un
día, como en este tiempo, buscaba refugio.

LA EXTRANJERA:

He atravesado la noche para encontrar este refugio y
hablar contigo en silencio.

EDITH:

Dime, ¿quién eres?

LA EXTRANJERA:

Morí como todos, y fui enterrada con gloria; pero mi
alma fue guiada por un ángel protector hasta el lugar de
la paz, donde encontró su descanso, junto a sus padres en
el seno de Abraham.

EDITH:

¿En el seno de Abraham, como el pobre Lázaro?

ESTER:

Como todos los que sirven al Señor fielmente, como nuestros padres, allí descansamos en paz. Pero me has despertado para pedir intercesión por nuestro pueblo. Por eso he vagado desde los siglos lejanos.

(Pausa. Edith la mira por un momento).

EDITH:

¡Dios mío!

(Edith se acerca y se arrodilla).

EDITH:

¿No serás tú la Virgen Madre?

(La extranjera se levanta).

LA EXTRANJERA:

No lo soy, pero la conozco bien, y mi alegría está en servirla. *(Pausa).* Yo soy de su raza, de su sangre, y mucho antes arriesgué mi vida por este pueblo. Pensarás en ella cuando oigas mi nombre. Mi vida es imagen de la suya.

EDITH:

¿Quién eres? *(Pausa).* ¿Tú arriesgaste la vida por tu pueblo? ¿Y no tenías más arma que unas manos suplicantes?

(Pausa. La extranjera asiente).

EDITH:

¡Entonces tienes que ser Ester, la reina!

(La extranjera se saca la capucha, mostrando su cara).

ESTER:

Así me han llamado.

-II-

> *(Música. Edith se inclina ante Ester).*

EDITH:

Ester, madre. Ester, hermana mía. Es cierto, ¿cómo fui tan ciega? Tú viniste a mi llamado.

> *(Edith se acerca a su regazo, Ester la acoge).*

EDITH:

Estoy tan cansada que no sé si estoy despierta o estoy soñando. No puedo dormir en las noches. Tengo un sueño que me persigue, el rugido de un animal que quiere atacarme. Pero no siento miedo de él, sino de mi ira desbordada, y finalmente no puedo matarlo.

> *(Edith la queda mirando. Ester toma su rostro entre sus manos).*

EDITH:

(Para sí). Así comienza tu historia en el Libro de los Libros, Ester. Con el sueño de tu tío Mardoqueo...

> *(Edith se pone de pie y declama).*

EDITH:

"Mardoqueo soñó que oía voces y tumultos. Truenos, sismos y un gran caos en la Tierra. De pronto, dos grandes dragones listos para atacarse uno contra el otro dieron espantosos rugidos. Al oír este ruido tenebroso, se prepararon todas las naciones de la Tierra, para combatir contra el pueblo de los justos. Era un día de oscuridad, tinieblas, sufrimiento y gran confusión en toda la tierra. El pueblo de los justos se llenó de miedo y se prepararon a morir".

> *(Pausa).*

ESTER:

Pero clamaron a Dios...

EDITH:

"… y en respuesta a ello apareció un pequeño manantial, que luego se convirtió en río caudaloso. Brotó entonces una lumbrerita que luego se hizo sol. Los que estaban humillados se levantaron y devoraron a los que habían recibido honores. *(Pausa)*. Cuando despertó, Mardoqueo guardó ese sueño en su corazón y trató de descifrarlo hasta que llegó la noche".

(Pausa).

ESTER:

Caminando fuera del palacio, mi tío descubrió a dos guardias que tramaban un asesinato para el rey Asuero.

EDITH:

Mardoqueo pudo escucharlo, porque venía masticando, intentando descifrar su sueño y lo relacionó todo.

ESTER:

Entonces, pidió audiencia y contó a su majestad el plan asesino.

EDITH:

Estupefacto, Asuero mandó a colgar inmediatamente a los guardias. En recompensa, le dio un cargo en el palacio a Mardoqueo.

(Pausa).

ESTER:

Pero Amán, consejero del rey, fue quien ideó el plan de matarlo, entonces buscó una venganza para Mardoqueo.

(Pausa).

EDITH:

¿Qué era lo que más amaba Mardoqueo?

ESTER:

A su pueblo, que era a su vez odiado secretamente por Amán. *(Pausa)*. Por eso quedó al acecho. Pensó y dejó madurar una idea que le ayudaría más adelante a exterminar a los judíos. *(Pausa).* El sueño de mi tío fue un presentimiento.

EDITH:

¿Soy yo la que sueña? ¿O tu visita esta noche también es un presentimiento?

ESTER:

No lo sé. Tú me trajiste hasta aquí.

EDITH:

Ese es un misterio que a estas horas no soy capaz de resolver. *(Pausa).* Si fuiste llamada por mí, tuviste que levantarte de la paz de tu sueño. Tal como cuando llegó la orden de buscar a una joven para el rey Asuero, y echaron abajo la puerta de tu casa…

ESTER:

Yo era todavía una niña. Era el tercer año de Asuero en el poder, y dio un banquete durante siete días a todo el pueblo de Susa, la capital de su reinado. Ofreció vino con real abundancia, para mostrar su riqueza y generosidad. En medio de la alegría por el vino, el rey mandó a llamar a su esposa, la reina Vasti, para mostrar a todos los hombres presentes su belleza. Pero ella se negó. El rey entró en cólera y pidió que la reina fuera destituida de su cargo. Mandó cartas a todas las provincias del reino, a cada una según su escritura y a cada pueblo según su lengua, en las que se mandaba a que todo hombre debía ser el amo en su casa y que se divulgase esto entre todos los pueblos.

EDITH:

(Ríe). Hoy el rey Asuero se pasaría haciendo edictos y decretos, desesperado, porque las mujeres ya tenemos derecho a voto. Y vamos por más. *(Pausa).* Pero continúa tu historia, Ester, que la necesito hoy. La quiero y atesoro como si fuera mía.

> *(Pausa. Ester la queda mirando).*

ESTER:

¿Qué más sabes de mí?

EDITH:

Tanto y tan poco, como lo que se sabe de una reina.

ESTER:

Pero te quiero escuchar, Edith. Las reinas siempre queremos saber qué pasa por las cabezas de nuestro pueblo.

EDITH:

Tú nunca dejaste de ser del pueblo, ni de tu pueblo. Eso te hizo grande y eterna, Ester.

> *(Suena una música. Edith cuenta, a modo de representación, como en la fiesta de Purim, la historia de Ester. Arma una corona de papel y se la pone solemnemente en la cabeza a Ester).*

EDITH:

Fuiste la joven reina que intercedió por su pueblo. Siendo una muchacha virgen, tuviste que ofrecerte ante el rey, ocultando que eras judía. Él te eligió entre todas por tu inquietante belleza que no necesitaba ningún adorno. Luego, cuando el malvado Amán *(Hace sonar una matraca)*, en venganza de Mardoqueo, instaló la sospecha en el rey por nuestro pueblo, tuviste que persuadir a Asuero, sacrificando tu vida para deshacer el edicto que mandaba a matar a los judíos. El rey confió en ti y salvaste a nuestro pueblo de Amán.

> *(Edith hace sonar nuevamente una matraca y Ester la acompaña zapateando. Ambas ríen).*

EDITH:

De niña, me cautivó tu historia. Que fueras escogida entre todas las doncellas por el rey sin llevar más joyas que las lumbreras de tus ojos y tu belleza pura. Todas se habían preparado de igual manera durante doce meses;

ungiéndose con óleo, mirra y perfumes, para presentarse
ante él. Cuando llegó el día, no pediste los mejores
ropajes ni atuendos. El rey solo te miró a los ojos, y
supo que ahí estabas tú. Toda la riqueza se desplegó en
tu mirada cristalina. El rey había encontrado a su nueva
reina… *(Pausa).* Un destino inesperado te alcanzó. ¡Igual
que a la Virgen María!

ESTER:

Fui conducida a la corte, y no pensé nunca que la mirada
del Señor se fijaría en esta pobre sierva.

EDITH:

El Señor te señaló como la mujer elegida, tal como a la
Virgen Madre.

ESTER:

Me sobrecoge escucharte.

EDITH:

A mí me emociona pensar que en tu mirada ese día
estaba contenida tu historia silenciada. Sin decírselo
al rey, se la mostraste. Elegiste presentarte pobre y
así mostraste tu riqueza. *(Pausa).* Siempre me has
conmovido, Ester, una tierna niña que perdió padre y
madre.

ESTER:

Mi tío Mardoqueo fue para mí padre y madre. ¡No,
fue más! Sobre todo, porque me condujo al verdadero
Padre, el que está en el cielo. El corazón de mi tío se
consumía apasionadamente en el amor por Dios y por
su pueblo. Para ellos me educó. Y aunque crecí lejos
de mi tierra, de mi hogar, vivía protegida como en el
silencio del santuario de Dios. Leí los libros sagrados de
mi pueblo, que en el exilio era esclavo, y que suplicaba
ardientemente que viniera el Salvador.

EDITH:

Me estremece oír eso de tus labios. *(Pausa)*. Mi madre también se consumía apasionadamente en el amor por Dios y nuestro pueblo. Para ellos me educó, pero yo me rebelé. A los quince años abandoné al Dios de mis padres.

-III-

(Edith queda pensativa. Se sienta en una silla al borde del escenario. Ester se acerca, pero se queda más atrás).

ESTER:

Quedaste silenciosa y taciturna.

EDITH:

Así me decía mi madre. "¿Dónde estás, Edith? Niña silenciosa y taciturna". *(Pausa)*. Mi padre murió cuando yo era muy pequeña. Mi madre, como tu tío Mardoqueo, también tuvo que ser madre y padre para mí.

(Mientras cuenta su relato, Edith se acerca a Ester y la va transformando en su madre, arreglándole el pelo y el ropaje).

EDITH:

Yo nací en Yom-Kippur, el día de reconciliación de nuestro pueblo. Mi madre le dio mucha importancia a ese hecho. Creo que eso contribuyó más que cualquier cosa a que tuviera un especial cariño por mí. Soy la menor de once hermanos y mi padre murió antes de que yo cumpliera dos años. Ahí mi madre se hizo cargo del negocio familiar, una barraca de maderas, y la vida para la familia Stein se puso dura.

MADRE:

Había que trabajar. *(Se corrige)*. Siempre hay que trabajar.

EDITH:

Cuando cerrabas el almacén, tratabas de llegar pronto
a casa. Mi hermana Elsa ya me había lavado y yo te
esperaba, mamá, lista para acostarme. No dormía sin que
me vinieras a ver.

MADRE:

Yo alcanzaba a llegar y te daba un beso antes de dormir.
Mi Edith. Antes de ser la muchacha introvertida,
fuiste una fiera. Pero eras fascinante, mi inquieta
Edith. Cuando las cosas no resultaban como tú querías,
te desahogabas en enormes estallidos de ira. Eras
independiente y temperamental. No servía de nada
encerrarte en una pieza, ¡peor era para nosotros! No te
dejabas guiar fácilmente. Fuiste una niña con mucha
fuerza.

EDITH:

La infancia es dura, madre. Tener que dominar como sea
el espíritu salvaje. *(Pausa)*. Aunque recuerde mi niñez
con cariño, eso no me despista, mi infancia fue dolorosa.
Crecí renunciando a mi naturaleza. Y cada cierto tiempo
recuerdo con ternura a esa niña que tuve que apaciguar,
hasta que no volvió más. *(Pausa)*.

MADRE:

A los siete años dejaste de hablar. Te volviste una
muchachita silenciosa y soñadora. ¿Qué mundo se
estaba creando dentro de ti? Siempre me inquietó tu
inteligencia, Edith. Esa tendencia tuya hacia el interior
te aislaba de nuestra vida familiar. Para mí eras un
misterio y me daba miedo no comprenderte.

> *(Edith desarma en Ester el peinado de su madre. Le*
> *vuelve a poner la corona y se inclina ante ella).*

EDITH:

A pesar de sentirme íntimamente ligada a mi madre, ella no era mi confidente. *(Pausa)*. Desde mi niñez estuve llevando una curiosa doble vida. Experimentaba cambios incomprensibles y caprichosos para los ojos de los otros. Todas las cosas que padecía yo las vivía como un secreto.

ESTER:

¿Qué te hacía pensar que eras la única niña que estaba viviendo eso?

EDITH:

No sé. Viví muy atormentada. Una vez asistí a una clase de baile. Yo era pareja de mi hermana Erna, y como estábamos poco entrenadas, la profesora de ballet nos puso en la última fila. Una niña dijo que, en vez de bailar, las hermanas Stein aletearíamos como pájaros. Todas rieron y nosotras también, porque teníamos que ser graciosas, no podíamos partir mal. Pero íntimamente me sentí ofendida con ese comentario y lo cierto es que a esa niña le habría sacado los dientes de un puñetazo. *(Pausa)*. Comenzó la clase y seguí las indicaciones con gusto. Disfruté cada movimiento, sentía que mi alma se expandía. Cuando terminamos, la profesora dijo que yo había sido la estrella de la tarde, que bailaba con elegancia, agilidad y gracia. Que una extraña naturaleza brotaba de mí. Sentí vergüenza de sus elogios, me pesaban las miradas de las otras niñas. También la de mi hermana Erna. La profesora me propuso entrar al ballet. *(Pausa)*. Cuando llegamos a casa, mis hermanas reprobaron mi actitud diciendo que mi mirada había sido demasiado coqueta y que así había cautivado a la profesora. *(Pausa)*. Mis hermanos me decían en ese tiempo "Edith, la lista". Desde muy pequeña yo tenía claro que era mucho más importante ser buena que ser lista.

Adquirí pronto un autodominio tal que podía mantener
sin problema una ponderada tranquilidad. Aunque por
dentro me estuviera consumiendo.

ESTER:

Cuando yo fui escogida entre todas las doncellas por el
rey Asuero, las demás muchachas decían que yo había
encantado con íntima lujuria al rey. Me hicieron sentir
deshonrada y sucia.

EDITH:

Pero el rey Asuero vio la luz de bondad que había en tus
ojos. Por eso te eligió.

ESTER:

Tal vez no, Edith. No siempre lo que aparece en los
libros es cierto.

EDITH:

Pero tú no buscabas ser reina…

ESTER:

No, pero me sentí honrada al ser escogida. *(Pausa)*. Es
cierto, no estaba en mi plan ser la esposa del rey. Yo era
una joven que creía que no tenía mayores aspiraciones
en la vida. Pero una vez que Asuero expulsó a la reina
Vasti, todas las muchachas del pueblo teníamos que estar
disponibles para él.

EDITH:

Cuando leí esto en el Libro de los libros, sentí un
peso en el corazón. Vi tu alma sufrir profundamente,
deshaciéndose en lágrimas no lloradas.

ESTER:

Yo fui la escogida. Eso me honró. *(Pausa)*. Eras también
tú la que te leías a través de mi historia, Edith.
(Pausa). Es cierto, fue difícil. Pero era la voluntad de
Dios, por eso permanecí en la corte como una sierva.
Afortunadamente, siempre mantuve los pies en la tierra.

Gracias a mi fiel tío Mardoqueo, que me siguió. Iba
a menudo a la puerta del palacio y me contaba de las
miserias y peligros del pueblo judío.

ESTER:

Yo en eso siempre seguí a mi madre. Ella nos transmitió
el amor hacia nuestro pueblo. Pero sentía que algo en mí
tenía que cambiar, para ser mejor persona, merecedora
del amor de mi pueblo y de mi madre.

ESTER:

Sacrificaste tu vida desde muy pequeña, querida Edith.

EDITH:

¡Tú también!

ESTER:

Yo sacrifiqué mi vida, pero no me sacrifiqué en vida.

-IV-

(Pausa larga. Edith ha quedado pensativa).

ESTER:

¿Y después? ¿Qué pasó con la muchacha silenciosa?

EDITH:

"Niña sabionda", me decían. Nunca me agradó ningún
calificativo, sentía que llevaba sobre la espalda una
opinión implacable sobre mí.

ESTER:

No me parece malo ser una niña sabionda.

EDITH:

No podía sacarme ese traje estrecho. Una vez una prima
me gritó con fuerza: "¡Déjame también a mí tener razón
alguna vez!". Sentí vergüenza. *(Pausa).* Mis hermanos
mayores siempre nos juzgaban de manera muy distinta

a mí y a mi hermana. "Erna es transparente como agua
clara, en cambio Edith es un libro con siete sellos".

ESTER:

Me entristece escucharte. ¿Siempre tuviste temor al
juicio de los demás?

EDITH:

Por un lado, sí; por otro, me rebelaba. No quise ir al
jardín infantil. A los seis años rechacé todos los regalos
y los cambié por la autorización de mi madre para entrar
antes al colegio. *(Pausa)*. Suspiraba por el conocimiento.
Mi deseo era tan fuerte que no dejé tranquila a mi
familia, y mi hermana Elsa, que trabajaba en la Escuela
Victoria de Breslau, consiguió que yo pudiera entrar
a mitad de año. Me puse al día hasta alcanzar a mis
compañeros. Me sentía más feliz en la escuela que en
cualquier lugar del planeta. Devoraba los libros. No
dejaba de leer, incluso cuando me peinaban. Mientras
que por las tareas de la casa no tenía ningún interés.

ESTER:

Menos mal que las carmelitas acá te dieron un espacio
para que te dedicaras a tus estudios. Si no, tendrías que
estar contándome esto fregando pisos.

(Ríen).

EDITH:

En eso me han aliviado la carga, pero de todas maneras
tengo obligaciones domésticas en el convento. Ya estoy
vieja, pero hasta la fecha no me quejo de mis huesos.
Todas las carmelitas están adoloridas de tanto estar
arrodilladas. Algunas hermanas se levantan y quedan
tiesas del dolor.

ESTER:

No había escuchado eso.

EDITH:

Es que tú eres reina, no sabes lo que es estar de rodillas.
(Pausa. Se inclina). Perdón, no quise ser ofensiva.

ESTER:

¡No te arrodilles más! Bienvenida la ofensa si descorre
el velo de la fantasía de ser quienes somos. *(Pausa).* Tú
misma dijiste que yo no había dejado de ser del pueblo.
Tal vez solo te habías hecho una idea de mí por lo que
habías leído.

EDITH:

No, tu presencia confirma mi idea. Te respeto no solo
por ser la reina judía de grandes virtudes que salvó a su
pueblo, lo hago porque ahora sé que eres mi semejante.

ESTER:

Está bien, Edith. Continúa. Me contabas de los tiempos
de tu escuela…

EDITH:

Estudié incansablemente. Me sentía ávida, sedienta
de conocimiento. Siempre estaba insatisfecha. *(Pausa).*
Eternamente le agradeceré a mi madre que no
cuestionara mi deseo por seguir estudiando. Eso la
hizo una adelantada a su época. Yo era una muchachita
lectora, necesitaba encontrar respuestas. *(Pausa).* Así fui
creciendo. Hasta que, en un momento, pese a mi amor
por la escuela, a los trece años quise dejar los estudios. De
pronto, los libros y las vivencias comenzaron a generar en
mí experiencias remecedoras, que no me daban tregua, y
necesitaba parar. Me sobrevino un agotamiento anímico y
así vino para mí un desmoronamiento que se llevó como
un alud mi fe judía.

ESTER:

¿¡Dejaste al Dios de tus padres!?

EDITH:

Dejé la escuela y me fui a Hamburgo a vivir con mi
hermana Elsa. La ayudé con los niños. Pero, aunque
adoraba a mis sobrinos y me encargué pacientemente
de ellos, odiaba el trabajo casero. Entonces andaba
callada, intentando desenredar un nido de dudas. Estaba
encarcelada en mi propio mundo interior. *(Pausa).* Por ese
tiempo me hice atea.

ESTER:

Tu hermana Elsa, que había sido como una madre para ti,
¿sabía algo de lo que estabas viviendo?

EDITH:

No, yo lo viví en silencio. Como casi todo lo que
experimentaba en mi vida. El trabajo doméstico en la
casa de Elsa me sirvió para darme cuenta que amaba los
estudios, y que tenía que volver a mi ciudad. *(Pausa).*
Mi madre me convenció que retornara a la escuela,
y retomé. *(Pausa).* Ella, dentro de sus límites, hacía
todos los intentos por ayudarme. *(Pausa larga).* De
pronto, volvió mi amor por la vida. Me encantaron las
matemáticas, silbaba un par de compases cada vez que
resolvía un problema. Ahí también descubrí el latín;
su gramática con reglas tan estrictas me fascinaba. Mi
cabeza y mi cuerpo se habían encontrado nuevamente y
eso comenzaba a templar mi carácter. La niña sabionda
habitaba por fin en un cuerpo que le dejaba espacio, la
ansiedad ya no me comía los huesos. Me hizo bien ese
tiempo en Hamburgo.

ESTER:

¿Y la vida, Edith? Aparte de los estudios, ¿tuviste
amigos?

EDITH:

¡Muchos! Tenía amigos y no dejaba de interesarme en la vida. *(Pausa)*. Amaba la naturaleza. Con mi hermana Erna caminábamos en las tardes y si pasábamos por un arroyo, recogíamos los peces con las manos. Esa lengua viva con movimientos electrizantes era para mí una inyección de vida. *(Pausa)*. Quedábamos con las canillas arañadas y los pies morados de tanto estar en el agua. *(Pausa)*. Un día, un muchacho nos escondió los zapatos. Tuvimos que volver descalzas a casa. Cuando llegamos, estaban nuestros zapatos esperando en la entrada. Erna se puso contenta. Yo en cambio sentí miedo. Alcancé a ver entre los matorrales a un joven que huía.

ESTER:

¿Nunca supiste quién fue?

EDITH:

No. No quise saberlo.

ESTER:

¿Por qué no? Estabas viva. Como los peces que sacabas con las manos. *(Pausa)*. ¿Los matabas?

EDITH:

¿Qué cosa?

ESTER:

Los peces.

EDITH:

No. Los dejaba en el agua. *(Pausa larga)*. Pese a los libros, los amigos y el amor a la naturaleza, no estaba completa. Insistía en mí la pregunta sobre el último fundamento de la existencia. Ya era atea y sentía que tenía que ir en busca de la verdad. Una vez que terminé el bachillerato tuve un vacío enorme. ¿Qué iba a ser ahora de mí? Una parte de mi vida, entrañable y familiar, se acababa para siempre. *(Pausa)*. Pasó el tiempo y quise estudiar filosofía.

Se lo comuniqué a mi familia. *(Pausa).* "Mamá, tengo que
irme". *(Pausa).* Ella solo me miró y asintió tristemente
con la cabeza.

(Pausa).

ESTER:

Fuiste valiente, Edith. Para una mujer de tu época no era
fácil hacer ese camino.

EDITH:

¿Cuál era el camino para una mujer de mi época?

ESTER:

Casarse. Tener hijos.

EDITH:

No pude. En eso no fui valiente. Me quedó más fácil
hacer el camino difícil. *(Pausa).* Aparentemente no me
planteaba esos problemas en esa época. Pero secretamente
lo hacía. Siempre creí que estamos en este mundo para
servir a la humanidad. Yo me sentía llamada para eso y
entonces mi decisión por el conocimiento humano me
parecía irreprochable. El alma como centro de la persona
era el problema fundamental por donde rondaban
mis pensamientos. *(Pausa).* Por ahí me topé con las
Investigaciones Lógicas de Husserl. En la fenomenología
encontré un camino hacia la verdad. Viajé a Gotinga para
conocerlo personalmente. *(Pausa).* Tuve que dejar Breslau
y a mi familia. Mi madre estaba triste y sabía que no solo
me alejaba por un tiempo a estudiar. En lo más profundo
del corazón intuía, como yo, que aquella despedida era
totalmente decisiva. Dejaba mi Breslau natal y también
me alejaba del mundo judío. Hace tiempo mi madre
estaba lejos de poder vigilar mi evolución espiritual, pero
olfateaba que yo ya me había apartado de su Dios. Ese
desgarro en su corazón nunca lo pudo curar.

ESTER:

Pero seguías siendo una buena hija. La acompañaste siempre a la sinagoga, sin reproche.

EDITH:

Aprendía mucho más de la fidelidad de mi madre hacia Dios que de la misma liturgia. Ese rito de pronto para mí quedó vacío, en cambio mi madre comunicaba tanto más contenido espiritual en su devoción. *(Pausa)*.

ESTER:

Te quitaste de encima las cadenas y echaste a volar. Eso yo no lo podría haber hecho. No podría haber dudado de las enseñanzas de mi tío Mardoqueo.

EDITH:

Es cierto. Seguí mi convicción. Aun así, siempre la opinión de los otros me pesó. *(Pausa)*. Cuando partía hacia Gotinga en busca de Husserl, el fundador del grupo pedagógico al que pertenecía en Breslau me dijo: "Solo le deseo que encuentre en Gotinga personas que le convengan". Fue como un portazo en la cara. Yo no estaba acostumbrada ya a ninguna corrección. Vivía con la ingenua ilusión de que en mí todo estaba correcto, tan típico eso en las personas no creyentes con un ideal ético muy exigente.

ESTER:

Como están entusiasmados por el bien, creen que ellos mismos son buenos.

EDITH:

Y yo, para llegar a eso, era muy dura conmigo misma.

(Ester la mira por un momento).

ESTER:

¿Y en tu corazón?

EDITH:

Mi corazón siempre estaba confundido.

ESTER:

Pero, ¿algún muchacho?

EDITH:

Me las arreglé para mantener ese asunto fuera de mis
aspiraciones. Pero, en medio de toda mi entrega hacia
el mundo del conocimiento, siempre tuve en el corazón
la esperanza de un gran amor y un matrimonio feliz.
No me atrevía demostrarlo. En la época universitaria,
salíamos con muchos jóvenes y hubo uno que me gustó
especialmente. Varias veces, mientras él me hablaba
sobre cualquier asunto teórico, yo asentía con la cabeza
y balbuceaba respuestas que intentaban impresionarlo.
Pero mi cabeza estaba en otra parte, imaginándolo como
el compañero de mi vida; conversando al final del día,
o mirándolo en la mitad de la noche. De eso nadie se
enteró nunca, ni siquiera una amiga. Por el silencio de
esas cosas siempre debo haber pasado como una mujer
fría e inaccesible.

ESTER:

¡Pero con eso sacrificaste una vida más satisfactoria!

EDITH:

No. *(Pausa).* Sí. Todos siempre destacaron mi
autodominio. Eso a mí no me enorgullece.

> *(Pausa. Edith se queda mirando a Ester por un momento).*

EDITH:

Hay una pregunta que me avergüenza profundamente,
pero te la hago por si este encuentro no es más que un
sueño…

ESTER:

Dime.

EDITH:

¿Es cierto que el rey Asuero era tan bello?

> *(Ester se queda en silencio. Edith siente el peso de su pregunta).*

ESTER:

¡Era glorioso!

(Ambas ríen).

(Pausa).

¿Entonces no tuviste ningún amor, Edith?

EDITH:

Todos platónicos. Es que yo soy una Ester muy pobre e impotente. Por suerte el rey que me ha elegido ahora es infinitamente grande y misericordioso. *(Pausa larga).* Creo que me esforcé por ser una muchacha poco atractiva. Mi madre era muy estricta y sentía repulsión por todo lo que pudiera parecer nuevo y muy liberal. Entonces nos vestía de manera sencilla, siempre un poco anticuadas. De a poco la austeridad de nuestras vestimentas comenzó a destacar en una sociedad que se iba modernizando. Para los demás éramos extravagantes, incluso fundamentalistas. Aun así mis hermanas se emparejaron. Yo no. Creo que yo era para los hombres como un bicho raro.

ESTER:

Todos te encontraban excepcional.

EDITH:

Excepcionalmente rara.

ESTER:

Excepcionalmente excepcional.

-V-

(Pausa larga).

EDITH:

Después llegué a Gotinga. Tenía veintiún años. ¡La querida y antigua Gotinga! Solo el que haya estudiado ahí entre 1905 y 1914, durante el apogeo de la escuela fenomenológica, puede calibrar lo que significa ese nombre. *(Pausa).* ¿Tú me preguntabas por mi vida? No solo estudié, también lo pasé muy bien. Hacíamos maravillosas excursiones a la montaña, bailábamos, íbamos a veladas musicales muy bonitas. *(Pausa).* Con mis amigas discutíamos sobre filosofía hasta muy entrada la noche, con una efervescencia que hoy me da nostalgia recordar.

ESTER:

¿Y encontraste a Husserl?

EDITH:

¡Claro! Me presenté ante él y fui admitida dentro de su círculo de alumnos. Él no estaba acostumbrado a ver una muchacha tan preguntona en su clase, en medio de un mundo de hombres.

ESTER:

¿Tú sola, en una sala llena de hombres?

EDITH:

La mayoría, sí.

ESTER:

¡Qué olor debe haber emanado de esa sala! *(Pausa).* ¿Y tu madre no se espantó?

EDITH:

Mi madre se espantó mucho más con mi conversión al catolicismo. Esa fue la verdadera estaca que le clavé en el corazón. También me hirió a mí. Nunca me dirigió la palabra frente a ese hecho, hasta el final. Su silencio fue mi veneno. Yo me sentía teniendo una vida paralela.

ESTER:

¿Y así era?

EDITH:

Creo que aún sigue siendo…

ESTER:

¿Aunque ella ya esté muerta?

EDITH:

Para mí ese dolor no ha muerto.

(Pausa larga).

EDITH:

¡Pero estaba hablando de mis años en la universidad! *(Pausa).* En la fenomenología yo encontré algo que no estaba en el resto de la filosofía, la orientación hacia la verdad del ser. El movimiento creado por Husserl llevó involuntariamente a agruparse a muchos que encontrábamos resonancia en una búsqueda que indudablemente era espiritual. Aunque yo aún no lo veía, y aunque no era su propósito, muchos de sus alumnos llegamos al cristianismo. *(Pausa).*

Llevaba poco tiempo en Gotinga, pero intuía que me acercaba a algo fundamental. Aún no sabía qué era, pero me daba muchas expectativas. Además de Husserl, había otro fenomenólogo, Max Scheler, que daba unas conferencias sobre cuestiones religiosas acerca de la esencia de lo santo. Hubo un grupo importante de alumnos que silenciosamente se arrimaba hacia estas ideas luminosas sobre la fe. Sin que lo comentáramos abiertamente, en más de alguno había comenzado un camino a la conversión. Él sacó la venda de mis ojos al decir que solo la religión convertía a la persona en persona y que la humildad era para él un fundamento

de aspiración moral. *(Pausa)*. Su misión era conducir
al hombre a un abandonarse en Dios, a una nueva
resurrección.

ESTER:

Hermoso.

EDITH:

Sí, pero para mí en ese tiempo no fue nada de hermoso.
Fue terrible. Cada vez que una verdad se me revela,
me come viva la angustia. *(Pausa)*. Las limitaciones de
mis prejuicios racionalistas cayeron sin darme cuenta,
y el mundo de la fe se alzó de pronto ante mí. *(Pausa)*.
Caí en crisis. Todo lo que buscaba en los estudios de
pronto se volvió hacia mí. Me di cuenta que los libros
no me servían de nada mientras yo no hubiese aclarado
lo mismo con mi propio esfuerzo y experiencia. Mis
tormentos no me dejaban tranquila ni de día ni de noche.
Cada vez me sumergía más en una auténtica duda.

ESTER:

¿Y no buscaste ayuda?

EDITH:

¡A quién! *(Pausa)*. Era la primera vez en mi vida que
estaba ante algo que no podía torcer con mi voluntad.
Yo siempre pensé que tenía la cabeza más dura que los
gruesos muros de este convento, pero me hería la frente
sin que la inexorable pared quisiera ceder. *(Pausa)*. La
vida me parecía insoportable. Persecutoria. Mientras más
descubría de mí, más me perdía. Era la noche oscura de
mi vida. Todo significaba y nada tenía sentido. ¿Quién
era yo en ese momento? Fue para mí la crisis de la
racionalidad.

ESTER:

Es mejor escuchar las voces del corazón…

EDITH:

¡De acuerdo, pero ahí yo no lo sabía! *(Pausa. Recula).*
Perdón, Ester, es que me entusiasmo. *(Pausa).* Cuando
subía un cerro, cerraba los ojos y me balanceaba,
deseando caer al despeñadero y ser comida por las
hienas. *(Pausa).* Pero volvía viva. Nadie en mi círculo
se imaginaba lo que me pasaba. Ocultaba todo con una
misteriosa sonrisa. Cuando terminaban las clases, tenía
miedo de que las horas avanzaran quedándome sola
con mi cabeza, nadando en aguas pantanosas. No podía
convencerme el asunto de la fe.

ESTER:

Te habría venido bien ir de vuelta a la casa de tu hermana
Elsa, en Hamburgo.

EDITH:

¿Volver a limpiar los baños, dices tú?

ESTER:

En tu otra crisis no te vino mal…

EDITH:

No, esta vez fue más radical: estalló la guerra. Era
1914 y muchos de mis amigos fueron llamados a las
filas. Yo no podía ignorar lo que pasaba en mi entorno.
Trabajé como enfermera, cuidando a los soldados del
ejército austríaco. Era difícil trabajar con las enfermeras
tituladas, ¡viejas insoportables! Nos hacían ver que los
libros en estos casos no servían de nada. Naturalmente
tenían razón. La amenaza mortal me mostró que no vale
nada el conocimiento al lado de la entrega personal. La
guerra deja solo amargura. A mí me hizo más fuerte en
mis convicciones, pero me redujo el espíritu de tanto
dolor. *(Pausa).* Mi salvación fue que estaba muy cerca de
encontrar la verdad y al verdadero amor. Todos esos eran
caminos que tomaba, sin darme cuenta, hacia el Padre.

(Pausa). Pasado el tiempo, la guerra fue dejando muertes a su paso. Ahí estaban los cuerpos de mis conocidos, profesores, amigos. La guerra trajo tantas muertes que tuve que acostumbrarme a ella y dar condolencias... ¡Condolencias! ¡Qué estúpidas me parecían! Me quedaba grande ese traje. Ensayaba frases que ni yo misma creía. ¿Qué podía decirle yo a una viuda, a una hermana, a una madre? Tenía claro que la muerte era la muerte, nada más.

ESTER:

Y nada menos.

EDITH:

No. Yo todavía estaba convencida de que la muerte era la muerte, y nada más. A cuántas mujeres tenía que abrazar y acompañar en su duelo, sin tener yo ningún bálsamo que ofrecer. Me sentía tan pobre. *(Pausa).* Pero muchas de ellas, que eran cristianas, desarmaron mi esquema mostrándome una vez más que la Edith sabionda en realidad no sabía nada. *(Pausa).* No eran viudas destrozadas. Sus ojos tenían una extraña esperanza y me transmitían paz. ¡A mí!, que, aunque había hecho mi tesis sobre la empatía, no sabía lo que era estar en sus zapatos.

ESTER:

Tu racionalidad se estaba quebrando.

EDITH:

Yo completa me estaba quebrando. Donde caminaba, quedaban pedacitos de mí y tenía que recogerlos, uno a uno, para continuar mis penosos días. El roce que me entregaba la misma vida, que me mostraba esa verdad que yo andaba buscando en los libros, me fue transformando y, aunque me escapara, ya se me hacía evidente el misterio en la religión.

ESTER:

Me haces recordar a mi tío Mardoqueo y su sueño de los dragones. Tal vez si no hubiese puesto atención a esos rugidos, tampoco habría puesto atención esa noche a los guardias que planeaban matar al rey por orden de Amán.

EDITH:

Es cierto. Todo se va dando como una secuencia de "fenómenos".

ESTER:

Como este diálogo nocturno.

EDITH:

Como esta noche callada.

(Pausa larga).

ESTER:

Pero finalmente la paz venció ante ti sobre el aguijón de la muerte. Se rompió tu escepticismo y apareció la verdad.

EDITH:

Cuando ahora pienso en mi vida, veo que el encuentro con la guerra fue más decisivo, quizás "más esencial" que toda mi carrera.

ESTER:

Dios es un amante que reclama del amado la entrega de la voluntad. Solo en el amor se produce la transformación.

EDITH:

Yo le tenía miedo a esa entrega. Mi entendimiento todavía seguía haciendo algunas objeciones. *(Pausa).* Pero una noche me encontré con la autobiografía de Santa Teresa de Ávila. ¡Hablaba del alma y de su castillo interior poblado de rincones y moradas! Tomé el libro y lo leí de un tirón. Cuando amaneció, recién lo cerré y dije: "¡aquí está la verdad! ¡Dios no es el dios de la ciencia, es el dios del amor!". Entonces mi espíritu fue arrebatado más allá del espacio y del tiempo. Arriba en las nubes había otro trono, donde mora el Señor de los señores, ante el cual palidece toda vanagloria de los que dicen ser señores en la Tierra. Él mismo, el Eterno, se inclinó ante mí y me prometió la salvación de mi pueblo. Caí como muerta ante el trono del Altísimo.

ESTER:

Habías dado largos rodeos hasta encontrar esa claridad.

EDITH:

Por suerte, no había sido la única. A Santa Teresa le había pasado igual. *(Pausa)*. ¡Cómo me espanta lo terca y recia que anduvo mi alma, teniendo tantas ayudas de Dios! Miro atrás y me admiro de cómo podía vivir en tanto tormento.

ESTER:

Tu alma estaba agotada, ahora tu entendimiento podía descansar.

EDITH:

Ante la sabiduría infinita, vale más un poco de estudio de humildad. ¡Ay Edith, Edith! ¡Qué ciega fuiste y que ciega soy! Ahora tengo el consuelo de poder entregarme al Señor. Antes esa ceguera me mortificaba. Ahora confío. Sabía que estaba recién en el comienzo, pero Santa Teresa me había abierto el camino. Después me topé con Santo Tomás de Aquino, que dice que la perfección del amor no consiste en la certeza del conocimiento, sino en la firmeza de la entrega.

(Pausa).

ESTER:

Dios te enseñó la sencillez.

131

EDITH:

Ahora mis meditaciones no son altos vuelos de espíritu. Generalmente, son muy prosaicas y modestas. No necesito más.

ESTER:

¿Y tus estudios, tu carrera como filósofa?

EDITH:

Con el descubrimiento de la cruz, he ido abandonando algunas pretensiones y he comenzado un camino inverso al que hacía antes. Hace tiempo que me he resignado a seguir siendo muy ignorante; y todo lo que aún puedo trabajar será mucho más fragmentario de lo que ya es la obra humana. *(Pausa)*. Lo mismo me pasa con la política. Cuando joven, fui una feminista radical. Ya he perdido el interés por ese asunto. Ahora voy en busca de soluciones puramente objetivas. Aunque siempre vuelvo a mis libros, contenta de los trabajos que me encargan, está bien eso para que no se me oxide el cerebro. Pero lo hago, conforme con esa ignorancia, sintiéndome satisfecha.

ESTER:

¿Y tu vida en esta celda?

EDITH:

La clausura del convento es rigurosa. Nadie debe salir ni entrar, y en el locutorio hay doble reja, pero todos los amigos que me han visitado aseguran que, pasados unos pocos minutos, ni se dan cuenta de la reja, porque el espíritu pasa de un lado a otro sin ningún tipo de obstáculos.

ESTER:

O sea que mi visita es una impertinencia...

EDITH:

Después te arreglas con la Santa Madre, que ya debe haber escuchado nuestra conversación.

(Ríen).

ESTER:

¿Y tu madre?

EDITH:

¿Frau Stein? Debe estar con tapones en los oídos.

(Pausa. Ester la queda mirando).

ESTER:

Hace frío. ¿No quieres abrigarte, Edith?

EDITH:

No, mamá. Estoy bien.

(Pausa larga. Ester se saca la corona y se acomoda ella misma el pelo como si fuera la madre de Edith).

MADRE:

¿Quieres que te prepare algo de comer?

EDITH:

No. Gracias, mamá.

MADRE:

Tienes que comer.

EDITH:

¿Cómo poder explicártelo? Desde que me encontré al Padre, ya casi no tengo necesidades.

(La madre de Edith se cubre el rostro y llora. Edith la mira, se acerca a ella, le toma los hombros y cuenta a público).

EDITH:

Mi madre se derrumbó con mi conversión. *(Pausa).* En nuestro último encuentro ya tenía ochenta y cuatro años y no se atrevía a enojarse frente a mí. En cambio, lloraba.

MADRE:

¡Estoy desolada, Edith!

EDITH:

Mis hermanos trataban de convencerme, que retrocediera en mi decisión o iba a matar a mi madre de la tristeza.

133

MADRE:

¿Por qué has tenido que conocer a Cristo? *(Pausa)*. No voy a decir nada malo contra él. Puede que haya sido un hombre bueno, pero, ¿por qué ha osado creerse Dios?

EDITH:

Yo en él veo a Dios, mamá.

(La madre se agarra la cabeza).

MADRE:

¡Me estás dejando sola, justo ahora que han comenzado a perseguirnos!

EDITH:

Mi madre puso su rostro entre sus manos y comenzó a llorar sin freno. Yo me quedé tras su silla. Tomé su cabeza plateada y la puse contra mi pecho. Así nos quedamos largo tiempo hasta que se secó las lágrimas y se dejó convencer para llevarla a la cama.

(Edith la toma y la conduce a acostarse).

EDITH:

La conduje y la ayudé a desvestirse, por primera vez en mi vida. Ella no dejaba de mirarme, sin comprenderme y negando siempre con la cabeza. *(Pausa)*. Después me senté en su cama.

MADRE:

Anda a acostarte, Edith.

EDITH:

Sé que esa noche ninguna de las dos pudo dormir.

MADRE:

Tampoco las noches siguientes…

(La madre se levanta, se arregla el pelo y se pone la corona, volviendo a Ester).

ESTER:

Te he escuchado hablar y a veces pienso que estás fuera del mundo de lo humano, Edith. Sacrificaste tu

posibilidad de tener una vida y te fuiste antes de tiempo
al cielo. Bien por nosotros, que nos juntamos en torno
tuyo. *(Pausa)*. ¿Pero para ti?

ESTHER:

Es una renuncia dolorosa.

ESTER:

¿Existen los santos en vida?

EDITH:

No. Existe gente tratando de ser buena.

-VI-

(Ester se pone la capucha sobre la cabeza y se acerca a Edith. Pausa).

ESTER:

Tengo que advertirte, Edith, que lo que está pasando
afuera va a cambiar la vida de aquí adentro.

EDITH:

¿Qué dices? No estamos fuera del mundo. Los muros
de esta celda ya están empapados de ese dolor y del que
emana de nuestras oraciones.

ESTER:

Lo sé.

EDITH:

Es venenosa la impotencia de no poder hacer más de lo
que está a nuestro alcance, y el sufrimiento que ni a un
alma gemela se puede confiar.

ESTER:

Están disolviendo los carmelos.

EDITH:

Y vendrán por este. *(Pausa)*. Y vendrán por mí. *(Pausa)*.
Solo hay que confiar en Dios.

*(Edith se apoya en el regazo de Ester. Ella
la acoge como si fuera una niña).*

EDITH:

Relátame el final de tu historia, (antes que te vayas)…

(Pausa).

ESTER:

Llegó el día en que me acerqué al rey para suplicar
la salvación de mi pueblo ante el enemigo mortal.
De su mirada dependía la vida o la muerte. Con gran
delicadeza, Asuero dirigió sus ojos hacia mí y lleno de
benevolencia me entregó el cetro. Entonces mi espíritu
fue arrebatado más allá del espacio y del tiempo. Arriba
en las nubes había otro trono, donde mora el Señor de
los señores, ante el cual palidece toda vanagloria de los
que dicen ser señores en la Tierra. Él mismo, el Eterno,
se inclinó ante mí y me prometió la salvación de mi
pueblo. Caí como muerta ante el trono del Altísimo.
En los brazos de mi esposo me reencontré. Me habló
amorosamente y me prometió cumplir mis deseos, fuese
lo que fuese. Así libró Asuero al pueblo judío de las
manos del tirano Amán, por medio de Ester, su sierva.

EDITH:

Hace casi diez años me dirigí al Santo Padre, inspirada
en tu imagen, en tu historia, para interceder por nuestro
pueblo:

(Edith se pone de pie y lee una carta).

"12 de abril 1933.

Santo Padre: Como hija del pueblo judío que, por la
gracia de Dios, durante los últimos once años también
ha sido hija de la Iglesia Católica, me atrevo a hablarle al
Padre de la Cristiandad sobre lo que oprime a millones
de alemanes.

Desde hace semanas vemos que suceden en Alemania
hechos que constituyen una burla a todo sentido
de justicia y humanidad, por no hablar del amor al
prójimo. Durante años, los líderes del nacionalsocialismo
han estado predicando el odio a los judíos. Ahora
que tomaron el poder gubernamental en sus manos
y armaron a sus partidarios —entre los cuales hay
elementos probadamente criminales—, esta semilla de
odio ha germinado. Solo hace poco tiempo, el gobierno
admitió que se habían producido algunos incidentes.
No podemos conocer exactamente su alcance, porque
la opinión pública está amordazada. Bajo la presión
de reacciones del exterior, el gobierno adoptó métodos
"más benignos". Ha difundido la consigna: "no tocar ni
un pelo a los judíos". Pero sus medidas de boicot —que
despojan a la gente de su sustento económico, su honor
civil y su patria— arrojan a muchos a la desesperación:
en la última semana, he sabido de cinco casos de
suicidio como consecuencia de ese hostigamiento.
Estoy convencida de que este es un fenómeno general
que todavía producirá muchas más víctimas. Pero gran
parte de la responsabilidad recae sobre aquellos que los
llevaron a ese punto. Y también recae sobre aquellos que
permanecen en silencio frente a esos hechos.
Todo lo que ocurrió y sigue ocurriendo día tras día
es producido por un gobierno que se autodenomina
"cristiano". Desde hace semanas, no solo los judíos, sino
también miles de fieles católicos de Alemania, esperan
y confían en que la Iglesia alce su voz para poner fin a
este abuso del nombre de Cristo. ¿No es esta idolatría
de la raza y de la autoridad del Estado que se impone
diariamente a la conciencia pública a través de la radio
una verdadera herejía? ¿No es este intento de aniquilar

la sangre judía una afrenta a la sagrada humanidad de
nuestro Salvador, a la santísima Virgen y a los apóstoles?
¿No se opone diametralmente todo esto a la conducta de
nuestro Señor y Salvador, quien, incluso en la cruz, oró
por sus perseguidores? ¿Y no es una mancha negra en la
crónica de este Año Santo, que se suponía debía ser un
año de paz y reconciliación?

Todos nosotros, que somos fieles hijos de la Iglesia y
observamos las condiciones imperantes en Alemania con
los ojos abiertos, tememos lo peor para el prestigio de
la Iglesia si el silencio se prolonga por más tiempo. Por
ahora, la lucha contra el catolicismo se hará en forma
silenciosa y menos brutal que contra los judíos, pero no
menos sistemática. No pasará mucho tiempo hasta que
ningún católico pueda ocupar un cargo en Alemania a
menos que se ponga incondicionalmente al servicio del
nuevo rumbo de los acontecimientos.

A los pies de Su Santidad, rogando su bendición
apostólica,

Dra. Edith Stein, docente del Instituto Alemán de
Pedagogía Científica, Münster en Westfalia, Collegium
Marianum".

(Pausa. Edith guarda su carta y queda mirando a Ester).

EDITH:

(Ríe). No me fue igual que a ti. Este Asuero no me dio el
cetro. Y este Amán sigue con permiso para matar.

(Pausa).

ESTER:

Pero la autoridad eclesiástica ahora ha enviado una
carta al gobierno pidiendo que no sigan las órdenes de
continuar hostigando y persiguiendo a nuestro pueblo.
Han respondido diciendo que los judíos cristianos no
seguirán siendo importunados.

EDITH:

¿Y los judíos-judíos? *(Pausa)*. No. Yo no creo eso. Ya es muy tarde. El mal se ha propagado como plaga. Vendrán a vengarse igual. No soportan órdenes que no vengan de su desalmado führer. Tal como lo hizo Amán con tu tío Mardoqueo y todo su pueblo.

ESTER:

La Iglesia ha florecido, pero gran parte del pueblo está lejos del Señor, y de su madre, como enemigo de la cruz. Sigue vagando y no encuentra paz; es objeto de escarnio y desprecio.

EDITH:

Y parece que así será hasta la última batalla.

ESTER:

Pero tú sabes, Edith, que arriba, ante el trono de la Gracia, no deja de interceder la Madre por su pueblo. Ella busca almas que la ayuden a orar. Solo entonces, cuando Israel haya encontrado al Señor, solo entonces, cuando Él sea acogido por los suyos, vendrá en el esplendor de su gloria. Y esta segunda llegada tiene que ser suplicada.

EDITH:

Ahora entiendo, como una vez tu misión consistió en preparar el camino, ahora vienes para abrir el camino del reino de la gloria.

ESTER:

Tú me llamaste a través de la reina del Carmelo. ¿Dónde podría encontrar corazones dispuestos, sino en su silencioso santuario? A su pueblo, que es el tuyo, –tu Israel–, le ofrezco refugio en mi corazón orando y sacrificándome en lo escondido para llevarlo a la patria, al corazón de Jesús.

EDITH:

Qué alivio siento al escucharte…

ESTER:

Puesto que has comprendido, ya puedo marcharme.
Estoy segura de que no olvidarás esta visita, que a ti vino
en la medianoche.

(Golpean la puerta).

VOZ:

¡Edith Stein!

EDITH:

¿Y seguirás andando en la Tierra, buscando la paz de tu
pueblo?

ESTER:

Ya abandoné la luz beata para caminar junto a mi pueblo.
Soy tu semejante, Edith. Ya no hay ningún animal
rugiendo, el castillo de tu alma resplandece.

(Pausa larga. Edith le besa las manos).

EDITH:

Ahora tenemos que apresurarnos y hacer todo lo que
sea de valor para la eternidad *(Pausa)*. ¿Nos veremos
nuevamente?

ESTER:

Cuando sobre la cabeza de la reina del Carmelo brille
una corona de estrellas, será porque las doce tribus han
encontrado a su Señor. ¡A Dios!

(Ester de pronto se esfuma, desaparece. Golpean la puerta violentamente.
Edith toma la carta que estaba sobre su escritorio y se la echa a la boca.

La puerta es derribada de golpe. Oscuro).

FIN

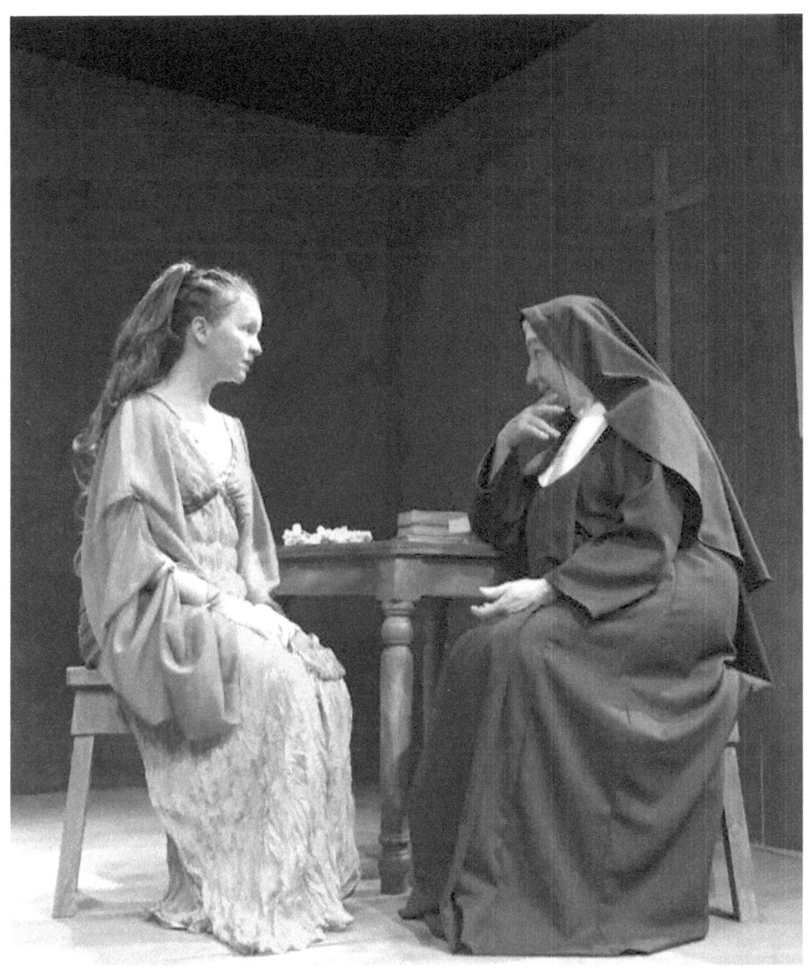

Montaje de Medianoche *(2017). Fotografía de Ramón López.*

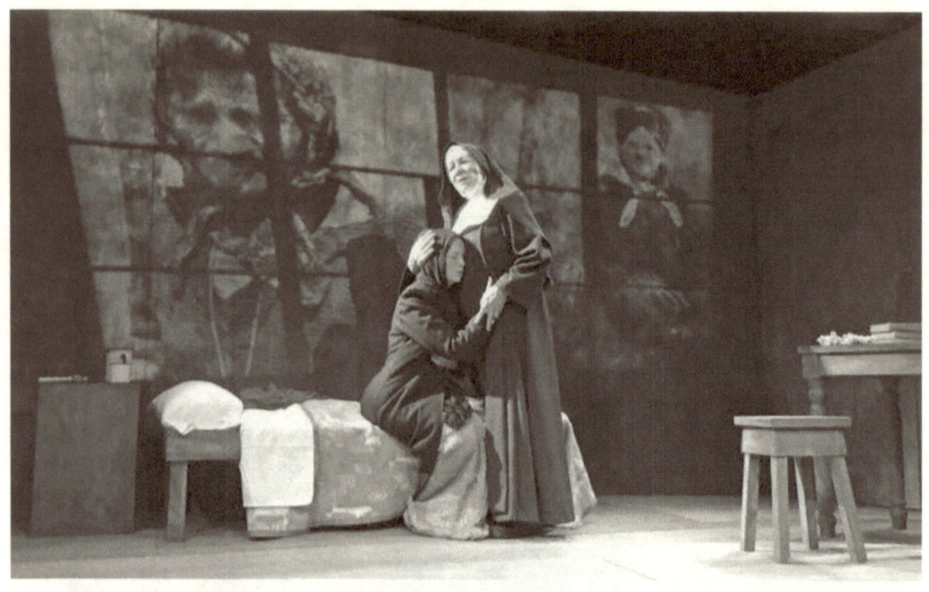

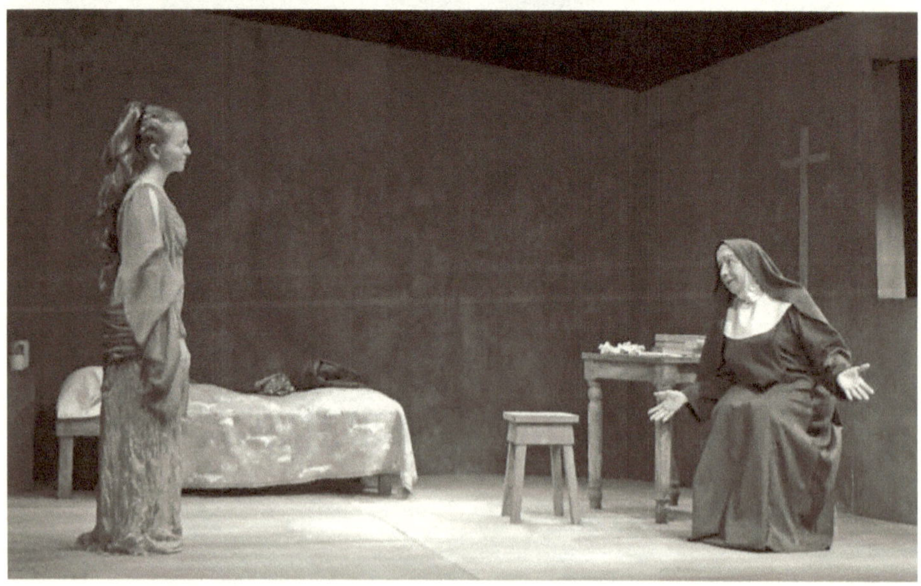

Montaje de Medianoche *(2017). Fotografías de Ramón López.*

Mitternacht

Freie Bearbeitung des Werkes
"Nächtliche Zwiesprache"
Von Edith Stein
Autorin: Florencia Martínez

Personen:
 Edith Stein
 Die fremde (die auch)
 Die königin Esther (ist und)
 Die mutter von Edith (oder vielleicht Edith selbst?)

Die Handlung verläuft in einer Zelle des Karmeliterklosters Echt (Holland), die mitten in der Dunkelheit erleuchtet ist; ein einfacher Tisch, der als Schreibtisch dient; über ihn gebeugt Edith Stein, die beim Schreiben eines Briefes eingeschlafen ist; die Nacht dringt bedrohlich durch das Fenster ein.

-I-

*(Edith schläft über ihrem Schreibtisch.
Plötzlich wacht sie erschreckt auf und liest)*

EDITH:

Mutter, das Schweigen der Nacht erfüllt meine Zelle mit Gedanken über Dich. Wie schwer fällt es mir, Dir zu schreiben. Unser letztes Treffen war für mich sehr schmerzlich und mehrere Tage war ich nicht in der Lage, einen Stift in die Hand zu nehmen, ohne ihn als eine zweischneidige Waffe zu betrachten. Du könntest dich verletzt fühlen. Ich könnte mich verletzt fühlen. Aber es gilt, keine Zeit zu verlieren. Schon wieder versucht man, unser Volk auszulöschen, und ich fühle, dass mein Ende gekommen ist. Der Herr begleitet mich und ich fühle keine Angst vor dem Tod. Dennoch kann ich den Tag nicht in Ruhe beenden. Dein Blick voller Unverständnis kommt mir wieder ins Bewusstsein und verdunkelt meinen Geist. *(Pause)* Vielleicht sollte ich auf diesen Brief verzichten. Ich fühle die Versuchung, den Stift fallen zu lassen und mich schlafen zu legen. Ich bin müde. Aber es gibt Nächte, in denen es besser ist, nicht zu schlafen. Ich schlafe mit einem schrecklichen Geräusch, Mama, es ist das Brüllen eines seltenen, enormen Tieres, und es sammelt sich in mir eine Wut, die ich nicht aushalten kann. Deshalb wache ich abrupt und voller Angst auf. *(Pause)* Aber im Laufe des Tages hält das Leben in diesem Kloster mein Ängste im Bann und ich fühle mich ganz ruhig. Die Schwestern behandeln mich sehr gut. Die täglichen Arbeiten, die mir wie du dich erinnern wirst, nie gefallen haben, nehmen viel Zeit in Anspruch. Jetzt verrichte ich sie mit völliger Hingabe, denn ich fühle, dass meine Taten ein langes und intimes Gespräch mit

Gott sind. Darin besteht mein Leben. Es gibt hier so
viel zu tun, Mama, dass ich dem Tag und der Nacht
Momente stehlen muss, um mit meinen Schriften
voranzukommen. Aber ich bin oft so müde, dass ich
ungewollt einschlafe. Da tauchen dann meine Ängste
auf. Manchmal meine ich, dass der Herr mich in meinen
Träumen nicht begleitet.
Warum, mein Gott? Alle die Leiden, die von aussen
kommen, sind nichts im Vergleich mit der dunklen
Nacht der Seele. Warum verbirgst Du Dich in meinen
Träumen und schweigst? *(Pause)*
Morgen schreibe ich weiter an dem Brief. Wenn
ich eine grosse Aufgabe vor mir habe, genügt mir
irgendwelche Ausrede, um sie liegen zu lassen. Ist
es das zähe Misstrauen an mir selbst? Aber dieses
Geheimnis der Edith Stein kennt nur Edith Stein.
Ich habe viel Arbeit vor mir, aber ich kann sie nicht
erledigen, wenn ich nicht diese Angst, die mir den Hals
zuschnürt, überwinde. Nun ist es fast schon Mitternacht
und die Natur verlangt ihre Rechte und erlaubt
keine Vorbehalte. Mutter, ich will nicht schlafen, ein
schreckliches Tier brüllt in mir und ich weiss nicht, wie
ich es töten soll.

> *(Sie schreibt ein wenig, aber der Kopf fällt ihr wieder auf*
> *den Tisch. Sie schläft ein. Plötzlich klopft man zweimal*
> *energisch an die Klosterpforte. Edith wacht auf).*

EDITH:

Und dazu noch mitten in der Nacht?

> *(Klopfen an der Tür)*

Wer ist da?

> *(Edith geht zur Tür, aber diese öffnet sich noch bevor*
> *sie sie erreicht und lässt Mondlicht eindringen)*

EDITH:

¡Lieber Jesus, hilf mir!

(Eine als Pilgerin verkleidete Frau geht mit verhülltem Kopf auf sie zu. Sie bleibt stehen)

DIE FREMDE:

¡Der Friede sei mit Dir!

EDITH:

Wer bist Du?

(Die Fremde erhebt ihre Hände)

DIE FREMDE:

¡Fürchte Dich nicht! Die in der Nacht kommt und sich dir nähert ist eine Bittstellerin und hat keine Waffen ausser diesen erhobenen Händen.

EDITH:

¡Sprich endlich! Ich werde tun, um was Du mich bittest, wenn es in meinen Händen liegt.

DIE FREMDE:

Du hast mich hergebeten. Du hast mich gerufen. Schon jahrhundertelang bin ich unterwegs und schliesslich habe ich dich gefunden. *(Pause)* Edith Stein, das jüdische Kind, die atheistische Jugendliche. Die Frau Philosophin. Die christliche Feministin, die Karmelitin. Die heilige Märtyrin.

EDITH:

Du kennst mich? *(Pause)* Deine Worte sind süss und friedvoll.

(Pause)

DIE FREMDE:

Ich kenne Dich. *(Pause)* Aber bevor wir weiter miteinander sprechen, muss ich mich hinlegen. Ich fühle, dass mein unterdrücktes Herz in die Luft fliegen wird.

(Die Fremde legt sich hin. Edith versucht, ihr zu helfen)

EDITH:

Deine Worte klingen als ob sie aus meinem Mund kämen. Wobei kann ich Dir behilflich sein?

(Pause)

DIE FREMDE:

(Dringend) Wir dürfen keine Zeit verlieren, Edith, und müssen uns auf das Schlimmste vorbereiten.

EDITH:

Ich weiss. Obwohl mich die dicken Mauern dieser Zelle schützen, was dort draussen passiert dringt wie unsichtbarer Staub überall ein und greift mich in den Nächten an.

DIE FREMDE:

Was draussen geschieht ist fürchterlich. Unser Volk leidet sehr.

EDITH:

Gehörst Du zu meinem Volk? *(Pause)* Ich brauche es nicht zu sehen, um es zu wissen. Mich bedrücken deine Worte. *(Pause)* Was hast Du gesehen?

(Die Fremde steht auf)

DIE FREMDE:

Schreckliche Bilder. Züge, die Menschen transportieren. Enorm grosse Kinderaugen, durch den Hunger und die Kälte. Unser Volk wird erneut von der Wildheit der Menschheit angegriffen. Ich möchte mir die Augen ausreissen wie der alte Ödipus, aber ich kann es nicht. Du und ich sind dazu verurteilt zu sehen.

(Edith streckt ihre Hand aus und hilft ihr, sich zu setzen)

EDITH:

Ich weiss nicht, wer du bist, aber meine Angst ist verschwunden. Dein Wort erweckt eine himmlische Sehnsucht in meinem Herzen. Komm und ruh dich aus: Du hast einen langen Weg hinter dir.

(Die Fremde setzt sich)

DIE FREMDE:

Danke. Es ist wahr, ich komme von weit her, von Land zu Land, von Tür zu Tür. Immer auf der Suche nach Schutz.

EDITH:

Auf der Suche nach Schutz? ¡Wie mich dieses Wort erschüttert! Es erinnert mich an die ganz Reine, an die Unbefleckte, die an einem Tag wie heute Schutz suchte.

DIE FREMDE:

Ich habe die Nacht durchquert, um diese Zufluchtsstätte zu finden und mit dir in Ruhe zu sprechen.

EDITH:

Sag mir, wer bist Du?

DIE FREMDE:

Ich bin wie alle gestorben und wurde mit Ehren begraben; aber meine Seele wurde von einem Schutzengel bis zum Ort des Friedens geführt, wo sie zusammen mit ihren Eltern im Schosse Abrahams Ruhe gefunden hat.

EDITH:

Im Schosse Abrahams so wie der arme Lazarus?

DIE FREMDE:

Wie alle, die dem Herrn treu dienen wie unsere Väter, dort ruhen wir in Frieden.

EDITH:

Oh, mein Gott!

(Edith nähert sich und kniet nieder)

EDITH:

Du bist nicht die Gottesmutter?

(Die Fremde steht auf)

DIE FREMDE:

Nein, die bin ich nicht, aber ich kenne sie gut und
meine Freude besteht darin, ihr zu dienen. *(Pause)*
Ich bin von deiner Rasse, von deinem Blut, und vor
langer Zeit habe ich mein Leben für dieses Volk aufs
Spiel gestellt. Du wirst dich an sie erinnern, wenn du
meinen Namen hörst. Mein Leben ist ein Bild deines
Lebens.

EDITH:

Wer bist Du? *(Pause)* Du hast dein Leben für dein Volk
aufs Spiel gesetzt? Und hattest nicht mehr Waffen als
deine um Hilfe flehenden Arme?

(Pause. Die Fremde setzt sich)

EDITH:

Dann must Du die Königin Esther sein!

(Die Fremde nimmt ihre Kapuze ab und zeigt ihr Gesicht)

EDITH:

So hat man mich genannt.

-II-

(Musik. Edith verbeugt sich vor Esther)

EDITH:

Esther, Mutter. Esther, meine Schwester. Es ist wahr,
wie konnte ich nur so blind sein? Du bist meinem Ruf
gefolgt.

(Edith näheret sich ihrem Schoss, Esther empfängt sie)

EDITH:

Ich bin so müde, dass ich nicht weiss, ob ich wach
bin oder träume. Nachts kann ich nicht schlafen. Ich
habe einen Traum, der mich verfolgt, das Brüllen eines

Tieres, das mich angreifen will. Aber ich habe keine
Angst vor ihm, sondern vor meiner ausbrechenden Wut.
Letztendlich kann ich es nicht töten.

(Edith schaut sie an, Esther nimmt ihr Gesicht in ihre Hände)

EDITH:

(Für sich) So beginnt deine Geschichte im Buch
der Bücher, Esther. Mit dem Traum deines Onkels
Mardochai…

(Edith steht auf und rezitiert)

EDITH:

"Mardochai träumte, dass er Stimmen und Tumulte
hörte. Donner, Erdbeben und ein grosses Chaos auf der
Welt. Plötzlich stiessen zwei grosse Drachen, die bereit
waren, sich aufeinander zu stürzen, ein schreckliches
Stöhnen aus. Als sie dieses finstere Brüllen hören,
bereiten sich alle Nationen auf der Erde vor, gegen das
Volk der Gerechten zu kämpfen. Es war ein Tag der
Dunkelheit, der Finsternis, des Leidens und der grossen
Konfusion auf der ganzen Erde. Das Volk der Gerechten
fürchtete sich sehr und begann, sich auf den Tod
vorzubereiten.

(Pause)

ESTHER:

Aber sie riefen Gott an…

EDITH:

… und als Antwort auf ihr Flehen erschien eine kleine
Quelle, die sich bald in einen rauschenden Fluss
verwandelte. Dann tauchte eine Leuchte auf, die sich
bald in die Sonne verwandelte. Die gedemütigt worden
waren, erhoben sich und verschlangen die geehrt worden
waren. *(Pause)* Als Mardochai aufwachte, bewahrte er
diesen Traum in seinem Herzen und versuchte bis spät
abends, ihn zu entziffern.

(Pause)

ESTHER:

Als mein Onkel vor dem Palast spazieren ging,
entdeckte er zwei Wächter, die ein Attentat auf den
König Ahasveros planten.

EDITH:

Mardochai konnte sie hören, weil er über seinen Traum
grübelte und versuchte, ihn zu entziffern. Alles verband
er nun miteinander.

ESTHER:

Dann bat er um eine Audienz und erzählte seiner
Majestät den Mordplan.

EDITH:

Sprachlos liess Ahasveros sofort die Wächter hängen.
Und zur Belohnung gab er Mardochai einen Posten im
Palast.

(Pause)

ESTHER:

Aber es war Haman, der Ratgeber des Königs, der den
Plan aushegte und sich nun an Mardochai rächen wollte.

(Pause)

EDITH:

Was liebte Mardochai am meisten?

ESTHER:

Sein Volk, das Haman im Geheimen hasste. *(Pause)*
Deshalb blieb er wachsam. Er überlegte und liess die
Idee reifen, die ihm helfen würde, später die Juden zu
vernichten.

EDITH:

Träume ich? Oder ist dein Besuch diese Nacht auch eine
Vorahnung?

ESTHER:

Ich weiss es nicht. Du hast mich hierher gebracht.

151

EDITH:

Das ist ein Geheimnis, das ich zu dieser Stunde nicht lösen kann. *(Pause)* Wenn du von mir gerufen wurdest, musstest du dich von deinem friedlichen Schlaf erheben. Genauso als der Befehl kam, eine junge Frau für den König Ahasveros zu suchen, und man die Tür deines Hauses niederriss…

ESTHER:

Damals war ich noch ein Kind. Ahasveros war drei Jahre an der Macht und gab sieben Tage lang ein grosses Banquet für das ganze Volk von Susa, der Hauptstadt seines Reiches. Er bot reichlich Wein an, um seinen Reichtum und seine Grosszügigkeit zu zeigen. Mitten im Rausch des Weines liess er seine Frau, die Königin Vasthi, rufen, um allen Männern ihre Schönheit zu zeigen. Aber sie lehnte es ab. Der König wurde wütend und bat darum, die Königin abzusetzen. Er schrieb Briefe an alle Provinzen seines Reiches, an jede in ihrer Schrift und an jedes Volk in seiner Sprache, in denen er befahl, dass jeder Mann in seinem Haus der Herr sein müsse und dass das in allen Völkern verbreitet werden solle.

EDITH:

(Lacht) Heutzutage schriebe der König Ahasveros verzweifelt ständig Erlasse und Dekrete, denn die Frauen haben schon das Wahlrecht. Und wir wollen noch mehr. *(Pause)* Fahr mit deiner Geschichte fort, Esther, die ich heute brauche. Ich liebe und schätze sie, als wenn sie meine eigene wäre.

(Pause. Esther betrachtet sie)

ESTHER:

Was weisst Du noch von mir?

152

EDITH:

So viel und so wenig wie man von einer Königin zu
wissen pflegt.

ESTHER:

Aber ich will Dich hören, Edith. Die Königinnen wollen
immer wissen, was in den Köpfen unseres Volkes vor
sich geht.

EDITH:

Du hast nie aufgehört, dem Volk und deinem Volk
anzugehören. Das hat dich gross und würdig gemacht,
Esther.

> *(Eine Musik erklingt. Edith erzählt, ähnlich wie auf dem*
> *Purimfest, die Geschichte von Esther. Sie macht eine Krone*
> *aus Papier und setzt sie feierlich auf Esthers Kopf)*

EDITH:

Du warst die junge Königin, die für ihr Volk eingetreten
ist. Als du noch eine Jungfrau warst, musstest du dich
vor dem König anbieten, indem du verbargst, dass du
eine Jüdin warst. Er hat dich unter allen wegen deiner
beunruhigenden Schönheit, die keinen Schmuck braucht,
ausgewählt. Dann, als der böse Haman *(lässt eine Klappe
ertönen)* aus Rache an Mardochai den König Verdacht an
unserem Volke schöpfen liess, musstest du Ahasveros
mit dem Angebot deines Leben davon überzeugen, den
Erlass, der anordnete, die Juden zu töten, rückgängig zu
machen. Der König vertraute dir und du hast unser Volk
vor Haman gerettet.

> *(Edith lässt wieder die Klappe ertönen und Esther begleitet sie im Takt*
> *mit dem Fuss stampfend und in die Hände klatschend. Beide lachen)*

EDITH:

Als Kind hat mich deine Geschichte in den Bann
gezogen; dass du unter allen Jungfrauen vom König
auserwählt wurdest, ohne mehr Schmuck zu tragen als

deine Augen und deine reine Schönheit. Alle hatten sich zwölf Monate auf die gleiche Weise vorbereitet, indem sie sich mit Öl, Myrrhe und Parfüm einsalbten, um vor ihm zu erscheinen. Als der Tag gekommen war, hast du nicht um die besten Kleider und Prunk gebeten. Der König hat dir nur in die Augen gesehen und wusste, dass du vor ihm standst. Alle Schönheit erstrahlte in deinem glasklarem Blick. Der König hatte seine neue Königin gefunden... *(Pause)* Dich ereilte ein unerwartetes Schicksal. Genauso wie die Jungfrau Maria!

ESTHER:

Ich wurde vor den Königshof geführt und nie hätte ich gedacht, dass der Blick des Herrn sich auf diese arme Dienerin richten würde.

EDITH:

Der Herr hat dich als die auserwählte Jungfrau gezeichnet, genauso wie die Jungfrau Maria.

ESTHER:

Mich überrachst es, dich zu hören.

EDITH:

Mich erschüttert, daran zu denken, dass an diesem Tag deine geheime Geschichte in deinem Blick enthalten war. Ohne es dem König zu sagen, hat du sie ihm gezeigt. Du hast gewählt, dich arm zu präsentieren, um so deinen Reichtum zu zeigen. *(Pause)* Immer hast du mich erschüttert, Esther; ein zartes Mädchen, das Vater und Mutter verloren hat.

ESTHER:

Mein Onkel Mardochai war mir Vater und Mutter. Nein, er war noch mehr! Vor allem, weil er mich zum wirklichen Vater, der im Himmel ist, geführt hat. Das Herz meines Onkels verzehrte sich in der leidenschaftlichen Liebe zu Gott und zu seinem Volk.

Und obwohl ich fern von meinem Land und von meiner
Heimat aufgewachsen bin, lebte ich geschützt im
Schweigen des Heiligtums Gottes. Ich habe die heiligen
Bücher meines Volkes gelesen, das im Exil versklavt war
und das das Kommen des Erlösers heiss erflehte.

EDITH:

Mich erschüttert, das von deinen Lippen zu hören. *(Pause)*
Auch meine Mutter hat sich in leidenschaftlicher Liebe
zu Gott und unserem Volk verzehrt. Dazu hat sie mich
erzogen, aber ich habe mich gewehrt. Mit fünfzehn
Jahren habe ich den Gott meiner Väter verlassen.

-III-

*(Edith bleibt nachdenklich. Sie setzt sich auf einen Stuhl am Rand der
Bühne. Esther nähert sich ihr, aber sie bleibt mehr zurück)*

ESTHER:

Du bist scweigsam und introvertiert.

EDITH:

So hat mich meine Mutter genannt. "Wo bist Du, Edith?
Schweigsames und introvertiertes Kind". *(Pause)* Mein
Vater starb, als ich ganz klein war. Meine Mutter musste
mir genauso wie dein Mardochai Vater und Mutter sein.

*(Während sie ihre Geschichte erzählt, nähert sich
Edith Esther und verwandelt sie in ihre Mutter, indem
sie ihr Haar und ihre Kleidung zurecht macht)*

EDITH:

Ich bin am Yom-Kippur, dem Tag der
Wiederversöhnung unseres Volkes, geboren. Meine
Mutter gab dieser Tatsache eine grosse Bedeutung. Ich
glaube, dass das mehr als alles andere dazu beigetragen

hat, dass sie mich auf besondere Weise liebte. Ich bin die Jüngste von elf Kindern und mein Vater starb noch ehe ich zwei Jahre alt war. Von da an hat meine Mutter das Familiengeschäft, eine Holzbaracke, übernommen und das Leben der Familie Stein wurde hart.

MUTTER:

Es musste gearbeitet werden. *(Sie korregiert sich)* Immer muss man arbeiten.

EDITH:

Wenn du das Geschäft zumachtest, versuchtest du, bald nach Hause zu kommen. Meine Schwester Elsa hatte mich schon gewaschen und ich wartete auf dich, Mama, bereit mich schlafen zu legen. Ich schlief nicht, ohne dass du nach mir sahst.

MUTTER:

Ich schaffte es, zeitig zu kommen und gab dir einen Kuss vor dem Schlafen. Meine Edith. Bevor du die introvertierte wurdest, warst du ein Biest. Aber du warst faszinierend, meine unruhige Edith.
Wenn die Sachen nicht so verliefen, wie du es wolltest, hattest du gewaltige Wutausbrüche. Du warst unabhängig und tempramentvoll. Es nutzte gar nichts, dich in ein Zimmer einzusperren, für uns war es nur schlimmer! Du liesst dich nicht leicht führen. Du warst ein starkes Mädchen.

EDITH:

Die Kindheit ist hart, Mutter. Den widerspenstigen Geist wie auch immer bändigen zu müssen. *(Pause)* Wenn ich mich auch an meine Kindheit mit Liebe erinnere, so führt mich das nicht in die Irre: meine Kindheit war schmerzhaft. Ich wuchs unter Verzicht auf meine Natur auf. Oft erinnere ich mich mit Zärtlichkeit an dieses

Kind, das ich beruhigen musste bis es nicht mehr wieder
kam.

MUTTER:

Ab dem siebten Jahr hörtest du auf zu sprechen.
Du verwandeltest dich in ein schweigsames und
träumerisches Mädchen. Was für eine Welt bildete sich
in Deinem Inneren? Mich hat deine Intelligenz immer
beunruhigt, Edith. Deine Neigung ins Innere isolierte
dich von unserem Familienleben. Für mich warst du ein
Geheimnis und ich hatte Angst, dich nicht zu verstehen.

(Edith löst die Frisur ihrer Mutter auf. Sie setzt ihr
wieder die Krone auf und verbeugt sich vor ihr)

EDITH:

Obwohl ich mich innerlich an meine Mutter gebunden
fühlte, war sie nicht meine Vertraute. *(Pause)* Seit
meiner Kindheit führte ich ein kurioses Doppelleben.
Ich experimentierte unverständliche und willkürliche
Änderungen für die Augen der anderen. Alles, was ich
erlitt, erlebte ich wie ein Geheimnis.

ESTHER:

Was liess Dich denken, dass nur Du dieses erlebtest?

EDITH:

Ich weiss nicht. Ich hatte ein stürmisches Leben. Einmal
nahm ich an einer Tanzstunde teil. Ich war der Partner
meiner Schwester Erna und da wir wenig trainiert
hatten, stellte die Ballettlehrerin uns an die letzte Stelle.
Ein Mädchen sagte, die Schwestern Stein tanzten nicht,
sondern würden mit den Armen zappeln. Alle lachten
und wir auch, den wir mussten witzig sein, wenn wir
nicht schlecht beginnen wollten. Aber in meinem
Innern fühlte ich mich von diesem Kommentar beleidigt
und ich hätte diesem Mädchen am liebsten mit einem
Faustschlag die Zähne ausgeschlagen. *(Pause)*

Der Unterricht begann und ich folgte gerne den Anweisungen. Jede Bewegung genoss ich und fühlte, dass meine Seele sich erging. Als wir fertig waren, sagte die Lehrerin, dass ich der Stern dieses Nachmittags gewesen sei, dass ich mit Eleganz, Beweglichkeit und Anmut tanzte und dass eine seltsame Natur in mir keimte. Ich fühlte mich verlegen wegen dieses Lobes, mich bedrückten die Blicke der anderen Mädchen. Auch die meiner Schwester Erna. Die Lehrerin schlug mir vor, ins Ballett einzutreten. *(Pause)* Als wir zuhause ankamen, lehnten meine Schwestern mein Verhalten ab, indem sie sagten, dass mein Blick zu koquett gewesen sei und auf diese Weise hätte ich die Lehrerin in den Bann gezogen. *(Pause)* Meine Brüder nannten mich in dieser Zeit "Edith, die Naseweise". Von Kindheit an wusste ich, dass es viel wichtiger war, gut als schlau zu sein. Bald erzielte ich eine solche Selbstbeherrschung, dass ich ohne Probleme eine abgewogene Ausgeglichenheit zeigte. Obwohl ich mich innerlich verzehrte.

ESTHER:

Als ich unter allen Mädchen vom König auserwählt wurde, sagten die anderen, ich hätte den König mit intimer Lüsternheit bezaubert. Sie erreichten, dass ich mich unwürdig und schmutzig fühlte.

EDITH:

Aber der König Ahasveros hat das Licht der Güte in deinen Augen gelesen. Deshalb hat er dich auserwählt.

ESTHER:

Vielleicht nicht, Edith. Nicht immer ist wahr, was in den Büchern erscheint.

EDITH:

Aber du warst nicht daran interessiert, Königin zu sein...

ESTHER:

Nein, aber ich fühlte mich geehrt, auserwählt zu werden. *(Pause)* Gewiss stand es nicht in meinen Plänen, die Frau des Königs zu werden. Ich war ein junges Mädchen, das glaubte, keine grösseren Ansprüche an das Leben zu haben. Aber als Ahasveros die Königin Vasthi ausgestossen hat, mussten ihm alle Mädchen des Volkes zur Verfügung stehen.

EDITH:

Als ich das im Buch der Bücher gelesen habe, fühlte ich einen Stein in meinem Herzen, Ich sah deine Seele heftig leiden und sich in nicht geweinten Tränen auflösen.

ESTHER:

Ich war die auserwählte. Das hat mich geehrt. *(Pause)* Du warst es auch, Edith, die sich in meiner Geschichte wieder erkannt hat. Das war sicherlich schwierig. Aber es war der Wille Gottes, deshalb blieb ich am Königshof wie eine Sklavin. Glücklicherweise hielt ich immer meine Füsse auf der Erde. Dank meines treuen Onkels Mardochai, der mir gefolgt ist. Er kam oft an die Palasttür und erzählte mir von den Erbärmlichkeiten und Gefahren des jüdischen Volkes.

EDITH:

Darin bin ich immer meiner Mutter gefolgt. Sie teilte uns ihre Liebe zu unserem Volk mit. Aber sie fühlte, dass etwas in mir sich ändern musste, um eine bessere Person zu werden, die die Liebe meines Volkes und meiner Mutter verdiente.

ESTHER:

Von ganz klein an hast du dein Leben aufgeopfert, liebe Edith.

ESTHER:

Du auch!

ESTHER:

Ich habe mein Leben geopfert, aber ich habe mich nicht
im Leben aufgeopfert.

-IV-

(Lange Pause. Edith bleibt nachdenklich)

ESTHER:

Und dann? Was ist mit dem schweigsamen Mädchen
passiert?

EDITH:

"Naseweises Mädchen", nannten sie mich. Nie haben
mir die Adjektive gefallen; ich hatte das Gefühl, dass
eine unbarmherzige Meinung über mich auf meiner
Schulter lastete.

ESTHER:

Ein naseweises Mädchen zu sein, scheint mir gar nicht so
übel.

EDITH:

Ich konnte mir diese enge 'Tracht' nicht vom Leib
schaffen. Eines Tages schrie mich eine Kusine an:
"Lass mich doch auch einmal rechthaben!" Ich fühlte
Verlegenheit. *(Pause)* Meine älteren Brüder beurteilten
mich und meine Schwester immer auf unterschiedliche
Weise. "Erna ist klar wie Wasser, Edith aber ist ein Buch
mit sieben Siegeln".

ESTHER:

Dich zu hören, macht mich traurig. Hattest Du immer
Angst vor dem Urteil der anderen?

EDITH:

Einerseits ja, andererseits wehrte ich mich. Ich wollte
nicht in den Kindergarten. Mit sechs Jahren habe ich
alle Geschenke abgelehnt und sie für die Erlaubnis
meiner Mutter, zur Schule zu gehen, eingetauscht.
(Pause) Ich sehnte mich nach Kenntnissen. Mein Wunsch
war so stark, dass ich meine Familie nicht in Ruhe
liess, und meine Schwester Elsa, die an der Victoria-
Schule in Breslau arbeitete, erreichte, dass ich mitten
im Schuljahr eintreten konnte. Ich holte schnell meine
Schulkameraden ein. Ich war glücklicher in der Schule
als an irgendwelchem Ort der Welt. Ich verschlang die
Bücher. Ich hörte sogar beim Kämmen nicht auf zu
lesen. Dagegen interessierte ich mich überhaupt nicht
für die häuslichen Arbeiten (Aufräumen, etc.)

ESTHER:

Gott sei dank liessen dir die Karmelitinnen Zeit
für deine Studien. Sonst müsstest du mir alles beim
Fussbodenwaschen erzählen.

(Sie lachen)

EDITH:

Diesbezüglich haben sie mir die Last erleichtert,
dennoch habe ich auf jeden Fall im Kloster meine
häuslichen Verpflichtungen erfüllt. Ich bin nun schon
alt, aber bisher habe ich mich nicht über meine Knochen
beschwert. Alle Karmelitinnen fühlen Schmerzen wegen
des vielen Knieens. Einige Schwestern stehen auf und
sind steif vor Schmerzen.

ESTHER:

Davon habe ich nie gehört.

EDITH:

Nun, du bist Königin, du weisst nicht, was es
heist, auf den Knien zu liegen. *(Pause, sie beugt sich vor)*
Entschuldigung, ich wollte dich nicht beleidigen.

ESTHER:

Knie dich nicht mehr nieder! Willkommen sei die
Beleidigung, wenn sie den Schleier der Phantasie
diejenigen zu sein, die wir sind, beiseite schiebt. *(Pause)*
Du selbst hast gesagt, dass ich nicht aufgehört habe,
zum Volk zu gehören. Vielleicht hast du dir ein Bild von
mir gemacht auf der Basis deiner Lektüre.

EDITH:

Nein, Deine Präsenz bestätigt meine Vorstellung. Ich
respektiere dich nicht nur als jüdische Königin mit
grossen Tugenden, die ihr Volk gerettet hat, sondern
auch weil ich jetzt weiss, dass du mir ähnlich bist.

ESTHER:

Ist schon gut, Edith. Fahr fort, du erzähltest mir von
deiner Zeit in der Schule…

EDITH:

Ich lernte ohne Pause. Ich fühlte mich gierig und
hungrig auf Kenntnisse. Immer war ich ungesättigt.
(Pause) Ewig werde ich meiner Mutter dankbar sein, dass
sie meinen Wunsch zu studieren nicht in Frage gestellt
hat. Ich war eine Leseratte und brauchte Antworten auf
meine Fragen. *(Pause)* So wuchs ich heran. Bis ich mit
dreizehn Jahren trotz meiner Liebe zur Schule nicht
mehr lernen wollte. Plötzlich begannen die Bücher
und Erlebnisse in mir erschütternde Erfahrungen
hervorzurufen, die mich nicht in Ruhe liessen, und
ich musste einhalten. Ich litt unter einer psychischen
Ermüdung und so erlitt ich einen Zusammenbruch, der

meinen jüdischen Glauben wie eine Lawine mit sich
nahm.

ESTHER:

Hast Du den Gott Deiner Väter verlassen!?

EDITH:

Ich habe die Schule verlassen und bin nach Hamburg
zu meiner Schwester Elsa gezogen. Ich habe ihr mit
den Kindern geholfen. Aber obwohl ich meine Neffen
anbetete und mich geduldig um sie kümmerte,
hasste ich die häuslichen Arbeiten. Ich verhielt mich
schweigsam und versuchte meine vielen Zweifel zu
lösen. Ich befand mich im Gefängnis meiner eigenen
inneren Welt. *(Pause)* In dieser Zeit wurde ich Atheistin.

ESTHER:

Wusste deine Schwester Elsa, die dich wie eine Mutter
betreute, von Deinen Problemen?

EDITH:

Nein, ich habe mich in Schweigen gehüllt. Wie fast
immer in meinem Leben. Die Hausarbeit im Haus von
Elsa haben mich einsehen lassen, dass ich das Studium
liebte und dass ich nach Breslau zurück musste. *(Pause)*
Meine Mutter überredete mich dazu, wieder zur Schule
zu gehen. *(Pause)* Innerhalb ihrer Grenzen versuchte
sie alles, mir zu helfen. *(Lange Pause)* Plötzlich kam
meine Liebe zum Leben zurück. Mich faszinierte die
Mathematik; ich pfiff jedesmal ein paar Kompasse, wenn
ich ein Problem löste. Dann habe ich auch das Latein
entdeckt; seine Gramatik mit den strengen Regeln
faszinierte mich. Mein Kopf und mein Körper hatten
sich wieder gefunden und das milderte langsam meinen
Charakter. Das naseweise Mädchen wohnte endlich in
einem Körper, der ihm Platz liess. Die innere Unruhe

frass nicht mehr die Knochen auf. Die Zeit in Hamburg hat mir gut getan.

ESTHER:

Und das Leben, Edith? Ausser deinem Studium, hattest du Freunde?

EDITH:

Viele! Ich hatte Freunde und war sehr am Leben interessiert. *(Pause)* Ich liebte die Natur. Mit meiner Schwester Erna gingen wir nachmittags spazieren und wenn wir an einem Bach vorbeikamen, fingen wir Fische mit den blossen Händen. Diese lebendige Seezunge mit den elektrisierenden Bewegungen war für mich eine Lebensspritze. *(Pause)* Wir zerkratzen uns die Beine im Wasser und unsere Füsse wurden kalt vom langen Stehen im Wasser. *(Pause)* Eines Tages versteckte ein Junge unsere Schuhe. Wir mussten mit blossen Füssen nach Hause laufen. Als wir ankamen, warteten unsere Schuhe am Hauseingang auf uns. Erna war zufrieden. Ich fühlte dagegen Angst. Ich konnte soeben noch einen Jungen im Gestrüpp erblicken, der wegrannte.

ESTHER:

Wusstest Du nie, wer es war?

EDITH:

Nein. Ich wollte es nicht wissen.

ESTHER:

Warum nicht? Du warst so lebendig wie die Fische, die du mit den blossen Händen fingst. *(Pause)* Hast Du sie getötet?

EDITH:

Was?

ESTHER:

Die Fische.

EDITH:

Nein. Ich habe sie im Wasser gelassen. *(Lange Pause)* Trotz der Bücher, Freunde und der Liebe zur Natur war ich nicht ganz zufrieden. Ich fragte mich weiter nach dem letzten Fundament unserer Existenz. Ich war Atheistin und ich fühlte, dass ich die Wahrheit suchen musste. Nach dem Abitur fühlte ich eine enorme Leere. Was sollte nun aus mir werden? Ein Teil meines Lebens, innigst geliebt und familiär, war endgültig vorbei. *(Pause)* Die Zeit verging und ich wollte Philosophie studieren. Ich teilte es meiner Familie mit: *(Pause)* "Mama, lass mich gehen". *(Pause)* Sie hat mich nur angesehen und traurig mit dem Kopf genickt.

(Pause)

ESTHER:

Du warst tapfer, Edith, zu deiner Zeit war es nicht einfach für eine Frau, diesen Weg zu gehen.

EDITH:

Was war der Weg einer Frau zu meiner Zeit?

ESTHER:

Heiraten und Kinder kriegen.

EDITH:

Das konnte ich nicht. Diesbezüglich war ich nicht tapfer. Mir fiel es leichter, den schwierigen Weg zu gehen. *(Pause)* Anscheinend stellte ich mir zu dieser Zeit nicht diesen Problemen. Aber im Geheimen schon. Immer war ich davon überzeugt, dass wir in dieser Welt sind, um der Menschheit zu dienen. Ich fühlte mich dazu berufen und deshalb schien mir meine Entscheidung für das menschliche Wissen unangreifbar. Die Seele als Zentrum der Person war das grundsätzliche Problem, um das meine Gedanken kreisten. *(Pause)* In diesem Kontext stiess ich auf die Logischen Untersuchungen von Husserl. In der Phänomenologie fand ich einen Weg zur Wahrheit. Ich reiste nach Göttingen, um ihn persönlich kennen zu lernen. *(Pause)* Ich musste Breslau und meine Familie verlassen. Meine Mutter war traurig und wusste, dass ich mich nicht nur für das Studium entfernte. In der Tiefe ihres Herzens fühlte sie wie ich, dass jener Abschied völlig entscheidend war. Ich verliess meinen Geburtsort Breslau und ich entfernte mich vom jüdischen Umfeld. Schon lange konnte meine Mutter keinen Einfluss auf meine geistige Entwicklung nehmen, aber sie fühlte, dass ich mich von ihrem Gott entfernt hatte. Diesen Riss in ihrem Herzen konnte ich nie mehr heilen.

ESTHER:

Aber du bist eine gute Tochter geblieben. Du hast sie immer ohne Widerspruch zur Synagoge begleitet.

EDITH:

Ich habe viel mehr von der Treue meiner Mutter zu Gott gelernt als von der Liturgie. Dieser Ritus verlor plötzlich seine Bedeutung; meine Mutter dagegen teilte mir durch ihre Frömmigkeit um so mehr spirituellen Inhalt mit. *(Pause)*

ESTHER:

Du hast dich von den Ketten befreit und fingst an zu fliegen. Das hätte ich nicht machen können. Ich hätte nicht an den Lehren meines Onkels Mardochai zweifeln können.

EDITH:

Das ist wahr. Ich folgte meiner Überzeugung. Trotzdem war die Meinung der anderen immer für mich von Bedeutung. *(Pause)* Als ich auf der Suche nach Husserl, dem Gründer der pädagogischen Gruppe, der ich in Breslau angehörte, nach Göttingen fuhr, sagte ich mir: "Ich wünsche ihm, dass er in Göttingen Personen findet, die ihm nützlich sind." Es war wie ein Schlag ins Gesicht. Ich war schon nicht mehr gewohnt, dass man mich korregierte. Ich lebte mit der einfältigen Illusion, dass alles in mir richtig war, eine typische Haltung bei ungläubigen Menschen mit einem hohen ethischen Ideal.

ESTHER:

Da sie sich für das Gute begeistern, glauben sie, selbst gut zu sein.

EDITH:

Und ich, um dahin zu gelangen, war sehr streng mit mir selbst.

(Esther betrachtet sie einen Moment)

EDITH:

Und in Deinem Herzen?

EDITH:

Mein Herz war immer verwirrt.

ESTHER:

Aber gab es keinen jungen Mann?

EDITH:

Ich habe es immer verstanden, diese Angelegenheit von mir fern zu halten. Aber inmitten aller meiner Hingabe an die Welt der Erkenntnisse, bewahrte ich immer in meinem Herzen die Hoffnung auf eine grosse Liebe und eine glückliche Ehe. Aber ich wagte nicht, es zu zeigen. In der Studentenzeit gingen wir mit vielen Studenten aus und es gab vor allem einen, der mir besonders gefiel. Öfters, wenn er sich mit mir über irgendwelches theoretische Problem unterhielt, nickte ich mit dem Kopf und stammelte Antworten, die ihm imponieren sollten, aber mein Herz war ganz woanders, wo ich ihn mir als Lebenspartner vorstellte, bei einem Gespäch am

Abend oder ihn mitten in der Nacht betrachtend. Aber davon hat nie einer gewusst, nichtmals eine Freundin. Wegen meines Schweigen über diese Dinge muss ich wohl für eine kalte und unzugängliche Frau gehalten worden sein.

ESTHER:

Damit hast du aber auf ein zufriedeneres Leben verzichtet!

EDITH:

Nein. *(Pause)* Ja. Alle haben immer meine Selbstbeherrschung betont. Darauf bin ich aber nicht stolz.

(Pause. Edith betracht Esther einen Moment)

EDITH:

Es gibt aber eine Frage, die ich mich zu stellen schäme, aber ich stelle sie dir für den Fall, dass dieses Treffen nur ein Traum ist…

ESTHER:

Stelle sie mir!

EDITH:

Ist es wahr, dass der König Ahasveros so hübsch war?

(Esther bleibt schweigsam. Edith spürt das Gewicht ihrer Frage)

ESTHER:

Er war glorreich!

(Beide lachen)

(Pause)

ESTHER:

Dann hast Du also keine Liebe gehabt?

EDITH:

Alle waren platonisch. Ich bin eben eine sehr arme und ohnmächtige Esther. Gott sei dank ist der König, der mich erwählt hat, unendlich gross und barmherzig. *(Lange Pause)* Ich glaube, ich habe mich bemüht, ein

wenig attraktives Mädchen zu sein. Meine Mutter war
sehr streng und lehnte alles Neue und sehr Liberale
ab. Sie kleidete uns also einfach, immer ein bisschen
altmodisch. So langsam begann unsere Schlichtheit
in der Kleidung in der modernisierten Gesellschaft
aufzufallen. Für die anderen waren wir extravagant,
ja sogar Fundamentalisten. Trotzdem haben meine
Schwestern geheiratet. Ich nicht. Ich nehme an, dass ich
für die Männer ein 'komischer Vogel' war.

ESTHER:

Alle fanden dich aussergewöhnlich.

EDITH:

Aussergewöhnlich seltsam.

ESTHER:

Aussergewöhnlich aussergewöhnlich.

-V-

(Eine lange Pause)

EDITH:

Dann kam ich nach Göttingen. Ich war 21 Jahre alt. Das
geliebte und alte Göttingen! Nur wer dort in den Jahren
1905 bis 1914 studiert hat, während des Höhepunktes
der phänomenologischen Schule, kann ermessen, was
dieser Name besagt. *(Pause)* Du hast mich nach meinem
Leben gefragt? Ich habe nicht nur studiert, sondern
habe viel Spass gehabt. Wir machten wunderbare
Ausflüge in die Berge, wir tanzten und gingen auf sehr
schöne Musikabende. *(Pause)* Mit meinen Freundinnen
diskutierten wir über philosophische Probleme bis spät

in die Nacht und mit einem Eifer, an den ich mich heute
sehnsüchtig erinnere.

ESTHER:

Und hast Du Husserl gefunden?
Natürlich! Ich habe mich ihm vorgestellt und wurde
in seinen Studentenkreis aufgenommen. Er war nicht
gewohnt, ein so wissenshungriges Mädchen inmitten
seines Kurses voller junger Männer zu haben.

ESTHER:

Du allein in einem Saal voller Männer?

EDITH:

Meistens, ja.

ESTHER:

Was für ein Geruch muss aus diesem Saal
hervorgegangen sein! *(Pause)* Und Deine Mutter hat sich
nicht erschreckt?

EDITH:

Meine Mutter hat sich viel mehr erschreckt über meine
Konversion zum Katholizismus. Das war der wirkliche
Dolchstoss, den ich meiner Mutter ins Herz versetzt
habe. Er hat auch mich verletzt. Bis zum Ende hat sie
nie mit mir darüber gesprochen. Ihr Schweigen war Gift
für mich. Ich fühlte mich, als wenn ich ein Doppelleben
führte.

ESTHER:

Und war es so?

EDITH:

Ich glaube, dass ich heute noch….

ESTHER:

Obwohl sie schon tot ist.

EDITH:

Für mich ist dieser Schmerz nicht gestorben.

(Lange Pause)

EDITH:

Aber ich sprach ja von meinen Universitätsjahren.
(Pause) In der Phänomenologie fand ich etwas, was nicht
in den anderen Philosophien war: die Orientierung an
der Wahrheit des Seins. Die von Husserl geschaffene
Bewegung führte viele, die sich von dieser zweifellos
spirituellen Suche angezogen fühlten, dazu, sich
anzuschliessen. Auch wenn ich es noch nicht sah und
obwohl es nicht sein Vorsatz war, viele seiner Schüler
fanden zum Christentum. *(Pause)*
Ich war noch nicht lange in Göttingen, und doch spürte
ich, dass ich mich einem entscheidenden Moment
näherte. Wenn ich auch nicht wusste, was es war, weckte
er doch in mir viele Erwartungen. Neben Husserl gab es
einen anderen Phänomenologen, Max Scheler, der einige
Vorträge über religiöse Fragen hielt, über das Wesen des
Heiligen. Es gab eine wichtige Gruppe von Studenten,
die schweigend für diese glänzenden Ideen über den
Glauben offen war. Ohne dass wir darüber sprachen,
begann in mehr als einem von ihnen der Weg zur
Konversion. Scheler nahm die Binde von meinen Augen,
als er sagte, dass die Demut für ihn das Fundament des
moralischen Strebens war. *(Pause)* Seine Sendung bestand
darin, den Menschen dahin zu führen, sich Gott für eine
neue Auferstehung zu übergeben.

ESTHER:

Schön.

EDITH:

Ja, aber für mich war die Zeit gar nicht schön. Sie war
schrecklich. Jedesmal wenn eine Wahrheit sich mir
offenbarte, war ich voller Angst. *(Pause)* Die Grenzen
meiner rationalistischen Vorurteile fielen nieder, ohne
das ich es merkte, und die Welt des Glaubens stand

plötzlich vor mir. *(Pause)* Ich erlitt eine starke Krise. Alles was ich in den Studien suchte, wendete sich plötzlich gegen mich. Ich sah ein, dass die Bücher mir überhaupt nichts nützten, wenn ich dasselbe nicht selbst durch meine eigene Anstrengung und meine Erfahrung mir klarmachte. Diese Qualen liessen mich weder tagsüber noch nachts in Ruhe. Jedesmal überkamen mich autentische Zweifel.

ESTHER:

Und hast Du keinen um Hilfe gebeten?

EDITH:

Wen? *(Pause)* Ich stand zum erstenmal in meinem Leben vor etwas, das ich nicht mit meinem Willen zurecht biegen konnte. Ich habe immer gedacht, dass mein Kopf härter ist als die dicken Mauern eines Klosters, aber ich habe mir die Stirn verletzt, ohne dass die unerbittliche Mauer gewichen wäre. *(Pause)* Das Leben erschien mir unerträglich. Je mehr ich von mir selbst entdeckte, um so mehr verlor ich mich. Es war die dunkle Nacht meines Lebens. Alles bedeutete etwas und nichts hatte einen Sinn. Wer war ich in diesem Moment? Für mich handelte es sich um die Krise der Rationalität.

ESTHER:

Es ist besser, auf die Stimmen des Herzens zu hören...

EDITH:

Einverstanden. Aber damals wusste ich das noch nicht! *(Pause. Weicht zurück)* Entschuldigung, Esther, ich begeistere mich zu sehr. *(Pause)* Wenn ich einen Hügel hochstieg, schloss ich die Augen und schaukelte darauf hoffend, dass ich die Felswand hinunterfiele und das Opfer der Hyänen würde. *(Pause)* Aber ich kam lebendig zurück. Keiner in meinem Kreis stellte sich vor, was mir passierte. Ich verbarg alles mit einem geheimnisvollen

Lächeln. Wenn die Vorlesungen zuende waren, hatte
ich Angst, dass die Stunden voranschritten und ich
mit meinem Kopf alleine bliebe und in sumpfigen
Gewässern schwimmen würde. Die Frage nach dem
Glauben liess mich nicht in Ruhe.

ESTHER:

Dir hätte sicher gut getan, wieder zu deiner Schwester
Erna nach Hamburg zu gehen.

EDITH:

Wieder die Toiletten reinigen, meinst Du?

ESTHER:

In deiner vorherigen Krise hat dir das geholfen…

EDITH:

Nein, diesmal war die Krise radikaler: Der Krieg brach
aus. Es war 1914 und viele meiner Freunde mussten in
den Krieg. Ich konnte nicht ignorieren, was um mich
herum geschah. Ich arbeitete als Krankenschwester und
passte auf die Soldaten des österreichischen Heeres auf.
Es war schwer, mit den titulierten Krankenschwestern
zu arbeiten. Es waren unausstehliche alte Frauen! Sie
machten uns klar, dass die Bücher in diesen Fällen
völlig unnütz waren. Sie hatten natürlich recht. Die
Todesbedrohung zeigte mir, dass das Wissen nichts
nützt im Gegensatz zur persönlichen Hingabe. Der
Krieg hinterlässt nur Verbitterung. Mich hat er stärker
in meinen Überzeugungen gemacht, aber er hat mit
soviel Schmerz meinen Geist reduziert. *(Pause)* Meine
Rettung war, dass ich kurz davor stand, die Wahrheit
und die wahre Liebe zu finden. Das waren alles Wege
zum Vater, die ich ging, ohne es zu merken. *(Pause)* Mit
der Zeit hinterliess der Krieg seine Opfer. Da lagen die
Körper meiner Bekannten, Professoren und Freunde.
Der Krieg brachte so viele Tote mit sich, dass ich mich

an ihn gewöhnen und Beileid bekunden musste… Beileidserklärungen! Wie blöd erschienen sie mir! Ich war ihnen nicht gewachsen. Ich übte Sätze, an die ich selbst nicht glaubte. Was konnte ich einer Witwe, einer Schwester, einer Mutter sagen? Es war mir klar, dass der Tod der Tod war, nichts mehr.

ESTHER:

Und nichts weniger.

EDITH:

Nein. Ich war damals noch davon überzeugt, dass der Tod der Tod war und nichts mehr. Wieviele Frauen musste ich umarmen und in ihrem Schmerz begleiten, ohne dass ich einen Balsam zur Heilung anbieten konnte. Ich fühlte mich so arm. *(Pause)* Aber viele von ihnen, die Christinnen waren, nahmen mein Schema auseinander und zeigten mir wiederholt, dass die naseweise Edith in Wirklichkeit nichts wusste. *(Pause)* Es waren keine zerstörten Witwen. Ihre Augen strahlten eine seltsame Hoffnung aus und gaben mir Frieden. Mir, die obwohl sie eine Dissertation über die Einfühlung geschrieben hatte, keine Ahnung hatte, was man sich in dieser Lage fühlte.

ESTHER:

Deine Rationalität ging langsam in die Brüche.

EDITH:

Ich selbst ging völlig in die Brüche. Wohin ich auch ging, blieben Stückchen von mir zurück und ich musste sie eins nach dem anderen aufheben, um meinen beschwerlichen Weg weiter zu gehen. Die Berührung mit dem Leben selbst, die mir diese Wahrheit zeigte, die ich in den Büchern suchte, verwandelte mich und obwohl ich vor ihr floh, war mir das Geheimnis der Religion evident.

ESTHER:

Du erinnerst mich an meinen Onkel Mardochai und seinen Traum von den Drachen. Wenn er nämlich nicht auf das Brüllen geachtet hätte, hätte er diese Nacht wohl auch nicht auf die Wächter geachtet, die planten, den König im Namen Hamans zu töten.

EDITH:

Gewiss. Alles ergibt sich wie eine Sequenz von "Phänomenen".

ESTHER:

Wie diese nächtliche Zwiesprache.

EDITH:

Wie die stille Nacht.

(Lange Pause)

ESTHER:

Aber letztendlich siegte der Friede vor dir über den Stachel des Todes. Dein Skeptizismus verschwand und es tauchte die Wahrheit auf.

EDITH:

Wenn ich jetzt an mein Leben denke, sehe ich, dass die Begegnung mit dem Krieg am entscheidensten war, vielleicht sogar entscheidender als meine ganze Karriere.

ESTHER:

Gott ist ein Liebender, der die totale Hingabe des Willens verlangt. Nur in der Liebe vollzieht sich die Verwandlung.

EDITH:

Ich hatte Angst vor dieser Hingabe. Mein Intellekt machte noch einige Einsprüche. *(Pause)* Aber eines nachts fand ich die Autobiographie von der heiligen Theresa von Ávila. Sie sprach von der Seele und ihrer Seelenburg voll von Ecken und Wohnungen. Ich nahm das Buch und las es in einem Zug zuende. Als es Tag wurde, schloss ich es erst und sagte mir: hier ist die Wahrheit! Gott ist nicht der Gott der Wissenschaften, sondern der Gott del Liebe! Dann wurde mein Geist jenseits von Raum und Zeit entzückt. Über den Wolken gab es einen anderen Thron, wo der Herr der Heerscharen wohnte, vor dem alle Eitelkeit derjenigen, die sich Herren auf dieser Erde nennen, verblassen. Er selbst, der Ewige, beugte sich mir zu und versprach mir die Rettung meines Volkes. Ich fiel wie betäubt vor den Thron des Allmächtigen.

ESTHER:

Du bist viele Umwege gegangen bis du diese Klarheit gefunden hast.

EDITH:

Gott sei dank war ich nicht die einzige, der Heiligen Theresa ist es ähnlich ergangen. *(Pause)* Wie erschreckt mich, dass meine Seele so sturr und zäh war, obwohl sie so viel Hilfe Gottes erfahren hatte! Ich blicke zurück und wundere mich, dass ich in solchem Unheil leben konnte.

ESTHER:

Deine Seele war erschöpft, nun konnte deine Vernunft ausruhen.

EDITH:

Vor der unendlichen Weisheit ist ein bisschen Studium der Demut wichtiger. Ach, Edith, Edith! Wie blind warst du und wie blind bin ich! Aber jetzt habe ich den Trost, mich dem Herr hingeben zu können. Früher hat mich diese Blindheit gequält. Jetzt vertraue ich. Ich wusste, dass ich gerade am Anfang war, aber die Heilige Theresa hat mir den Weg geebnet. Danach habe ich den heiligen Thomas von Aquin getroffen, der sagt, dass die Vollendung in der Liebe nicht in der Gewissheit der

Kenntnis besteht, sondern in der Entschlossenheit der Hingabe.

(Pause)

ESTHER:

Gott hat dich die Einfachheit gelehrt.

EDITH:

Jetzt sind meine Meditationen nicht hohe Flüge des Geistes. Gewöhnlich sind sie prosaisch und einfach. Ich brauche nicht mehr.

ESTHER:

Und deine Studien, deine Karriere als Philosophin?

EDITH:

Mit der Entdeckung des Kreuzes ging parallel das Verlassen von einigen Ansprüchen. Ich habe angefangen, einen entgegengesetzten Weg zu gehen. Schon seit langem habe ich akzeptiert, dass ich weiterhin nicht viel weiss. Und alles, was ich noch erledigen kann, wird noch viel fragmentarischer sein als jetzt schon das Menschenwerk ist. *(Pause)* Dasgleiche gilt für die Politik. Als ich jung war, war ich eine radikale Feministin. Mittlerweile habe ich das Interesse an dieser Frage verloren. Jetzt suche ich rein objektive Lösungen. Obwohl ich immer wieder auf meine Bücher zurückkomme und zufrieden bin mit den Arbeiten, die man mir aufträgt, ist es gut so, damit mein Gehirn nicht verrostet. Aber ich mache es gemäss dieser Ignoranz und mit dem Gefühl der Zufriedenheit.

ESTHER:

Und das Leben spielt sich in dieser Zelle ab?

EDITH:

Die Klosterklausur ist streng. Keiner darf raus oder rein und im Gesprächszimmer gibt es ein doppeltes Gitter. Aber alle Freunde, die mich besucht haben, versichern,

177

dass sie das Gitter nach einigen Minuten kaum
noch wahrnehmen, denn der Geist bewegt sich ohne
Hindernisse von einem Ort zum anderen.

ESTHER:

Das heisst, mein Besuch ist eine Unverschämtheit…

EDITH:

Später verständigst du dich mit der Schwester Oberin,
die sicherlich schon unser Gespräch gehört hat.

(Sie lachen)

ESTHER:

Und deine Mutter?

EDITH:

Frau Stein? Sie hat sicherlich einen Wattebausch in den
Ohren.

(Pause. Esther betrachtet sie länger)

ESTHER:

Es ist kalt. Willst Du Dich nicht zudecken, Edith?

EDITH:

Nein, Mama. Es geht mir gut.

*(Lange Pause. Esther nimmt sich die krone ab und macht
sich ihr haar zurecht als wenn sie die Mutter ediths wäre)*

MUTTER:

Möchtest Du, dass ich Dir etwas zu essen vorbereite?

EDITH:

Nein, danke, Mama.

MUTTER:

Du musst etwas essen!

EDITH:

Wie soll ich es Dir erklären? Seitdem ich dem Vater
begegnet bin, habe ich fast keine Notwendigkeiten
mehr.

*(Ediths Mutter bedeckt ihr Gesicht und weint. Edith betrachtet sie,
nähert sich ihr, umfasst ihre Schultern und erzählt dem Publikum)*

EDITH:

> Meine Mutter ist an meiner Konversion zerbrochen.
> *(Pause)* Bei unserm letzten Treffen war sie schon 84 Jahre
> alt und wagte es nicht, sich vor mir zu ärgern. Sie weinte
> vielmehr.

MUTTER:

> Ich bin trostlos, Edith!

EDITH:

> Meine Geschwister stellten mich vor die Alternative,
> dass ich meine Entscheidung zurücknehmen oder meine
> Mutter vor Traurigkeit umbringen würde.

MUTTER:

> Warum musstest Du Christus kennen lernen? *(Pause)*
> Ich werde nichts gegen ihn sagen. Kann sein, dass er ein
> guter Mensch gewesen ist, aber warum hat er sich für
> einen Gott gehalten?

EDITH:

> Ich sehe Gott in ihm, Mutter.
>
> *(Die Mutter rauft sich die Haare)*

MUTTER:

> Du lässt mich allein, gerade jetzt, wo sie angefangen
> haben, uns zu verfolgen.

EDITH:

> Meine Mutter nahm ihr Gesicht in ihre Hände und
> begann fassungslos zu weinen. Ich blieb hinter ihrem
> Stuhl stehen. Ich nahm ihr silbernes Haupt und drückte
> es an meine Brust. So verblieben wir lange Zeit, bis sie
> ihre Tränen trocknete und sich überzeugen liess, ins Bett
> zu gehen.
>
> *(Edith nimmt sie und führt sie zum Bett)*

EDITH:

> Ich führte sie und half ihr zum ersten Mal in meinem
> Leben beim Ausziehen. Sie blickte mich die ganze Zeit

an, ohne mich zu verstehen und immer mit dem Kopf schüttelnd. *(Pause)* Danach setzte ich mich aufs Bett.

MUTTER:

Geh schlafen, Edith.

EDITH:

Ich weiss, dass diese Nacht keine von uns beiden schlafen kann.

MUTTER:

Auch die nächsten Nächte nicht…

> *(Die Mutter steht auf. Sie macht ihr Haar zurecht und setzt sich die Krone auf, indem sie sich Esther zuwendet)*

ESTHER:

Ich habe dich sprechen hören und ich denke manchmal, dass du ausserhalb der Welt des Menschlichen lebst, Edith. Du hast deine Gelegenheit, ein Leben zu haben, geopfert und bist vor der Zeit in den Himmel gegangen. Gut für uns, die wir uns um dich vereinen. *(Pause)* Aber für dich?

EDITH:

Es ist ein schmerzhafter Verzicht.

ESTHER:

Gibt es die Heiligem im Leben?

EDITH:

Nein. Es gibt nur Menschen, die versuchen, gut zu sein.

-VI-

*(Esther zieht sich die Kaputze über den
Kopf und nähert sich Edith. Eine Pause)*

ESTHER:

Ich muss Dich davor warnen, Edith, dass das, was
draussen passiert, das Leben hier drinnen verändern
wird.

EDITH:

Was sagst Du? Wir leben nicht ausserhalb der Welt.
Die Mauern dieser Zelle sind schon feucht von diesem
Schmerz und von dem, was unsere Gebete ausströmen.

ESTHER:

Ich weiss.

EDITH:

Die Impotenz, nicht mehr machen zu können als was
auf der Hand liegt, ist lähmend und das Leid möchte ich
nicht mal einer verwandten Seele zutrauen.

ESTHER:

Sie sind dabei, die Klöster der Karmeliten aufzulösen.

EDITH:

Und sie werden auch zu diesem Kloster kommen. *(Pause)*
Und sie werden meinetwegen kommen. *(Pause)* Man
kann nur auf Gott vertrauen.

*(Edith stützt sich im Schoss von Esther. Diese
nimmt sie auf, als ob sie ein Mädchen wäre)*

EDITH:

Erzähl mir das Ende von Deiner Geschichte, (bevor du
gehst)…

(Pause)

ESTHER:

Es kam der Tag, an dem ich mich meinem König
näherte, um ihn für die Rettung meines Volkes vor dem

Todfeind zu bitten. Von seinem Blick hing Leben oder
Tod ab. Mit viel Takt richtete Ahasveros seine Augen
auf mich und voller Wohlwollen übergab er mir das
Zepter. Damals wurde mein Geist jenseits von Raum
und Zeit entzückt. Oben in den Wolken gab es einen
Thron, wo der Herr der Heerscharen wohnte, vor dem
jegliche Eitelkeit derjenigen, die sich Herren dieser Welt
nennen, verblasst. Er selbst, der Ewige, beugte sich mir
zu und versprach mir die Rettung meines Volkes. Wie
eine Tote fiel ich vor dem Thron des Höchsten. Ich fand
mich in den Armen meines Ehemannes wieder. Er sprach
freundlich zu mir und versprach, mir jeglichen Wunsch
zu erfüllen. Auf diese Weise befreite Ahasveros durch
seine Dienerin Esther das jüdische Volk aus den Händen
des Tyrannen Haman.

EDITH:

Vor etwa zehn Jahren habe ich mich an den Heiligen
Vater gewandt, inspiriert von deiner Gestalt und deiner
Geschichte, um für unser Volk einzutreten.

(Edith steht auf und liest einen Brief)

"12. April 1933
Heiliger Vater!
Als ein Kind des jüdischen Volkes, das durch Gottes
Gnade seit elf Jahren ein Kind der Katholischen
Kirche ist, wage ich es, vor dem Vater der Christenheit
auszusprechen, was Millionen von Deutschen bedrückt.
Seit Wochen sehen wir in Deutschland Taten geschehen,
die jeder Gerechtigkeit und Menschlichkeit – von
Nächstenliebe gar nicht zu sprechen – Hohn sprechen.
Jahre hindurch haben die nationalsozialistischen
Führer den Judenhass gepredigt. Nachdem sie jetzt
die Regierungsgewalt in ihre Hände gebracht haben
und ihre Anhängerschaft – darunter nachweislich

verbrecherische Elemente – bewaffnet haben, ist diese
Saat des Hasses aufgegangen. Dass Ausschreitungen
vorgekommen sind, wurde noch vor kurzem von
der Regierung zugegeben. In welchem Umfang,
davon können wir uns kein Bild machen, weil die
öffentliche Meinung geknebelt ist. Unter dem Druck
der Auslandsstimmen ist die Regierung zu "milderen"
Methoden übergegangen. Sie hat die Parole ausgegeben,
es solle "keinem Jude ein Haar gekrümmt warden". Aber
sie treibt durch ihre Boykotterklärung – dadurch, dass
sie den Menschen wirtschaftliche Existenz, bürgerliche
Ehre und ihr Vaterland nimmt – viele zur Verzweiflung:
es sind mir in der letzten Woche durch private
Nachrichten 5 Fälle von Selbstmord infolge dieser
Anfeindungen bekannt geworden. Ich bin überzeugt,
dass es sich um eine allgemeine Erscheinung handelt, die
noch viele Opfer fordern wird. Aber die Verantwortung
fällt doch zum grossen Teil auf die, die sie so weit
brachten. Und sie fällt auch auf die, die zu diesen Taten
schweigen.
Alles, was geschehen ist und noch täglich geschieht,
geht von einer Regierung aus, die sich "christlich"
nennt. Seit Wochen warten und hoffen nicht nur
die Juden, sondern Tausende treuer Katholiken in
Deutschland darauf, dass die Kirche Christi ihre Stimme
erhebe, um diesem Missbrauch des Namens Christi
Einhalt zu tun. Ist nicht diese Vergötzung der Rasse
und der Staatsgewalt, die täglich durch Rundfunk den
Massen eingehämmert wird, eine klare Häresie? Ist
nicht der Vernichtungskampf gegen das jüdische Blut
eine Schmähung der allerheiligsten Menschheit unseres
Erlösers, der allerheiligsten Jungfrau und der Apostel?
Steht nicht dieses alles im äussersten Gegensatz zum

Verhalten unseres Herrn und Heilands, der noch am Kreuz für seine Verfolger betete? Und ist es nicht ein schwarzer Flecken in der Chronik dieses Heiligen Jahres, das ein Jahr des Friedens und der Versöhnung werden sollte?

Wir alle, die wir treue Kinder der Kirche sind und die Verhältnisse in Deutschland mit offenen Augen betrachten, fürchten das Schlimmste für das Ansehen der Kirche, wenn das Schweigen noch länger anhält. Der Kampf gegen den Katholizismus wird vorläufig noch in der Stille und in weniger brutalen Formen geführt wie gegen das Judentum, aber nicht weniger systematisch. Es wird nicht mehr lange dauern, dann wird in Deutschland kein Katholik mehr ein Amt haben, wenn er sich nicht dem neuen Kurs bedingungslos verschreibt.

Zu Füssen Eurer Heiligkeit, um den apostolischen Segen bittend,

Dr. Edith Stein, Dozentin am Deutschen Institut für wissenschaftliche Pädagogik, Münster/Westf., Collegium Marianum"

(Pause. Edith verwahrt ihren Brief und betrachtet Esther)

EDITH:

(Lacht) Mir ist es nicht wie dir ergangen. Dieser Ahasveros gab mir nicht das Zepter. Und dieser Haman hat immer noch die Erlaubnis zu töten.

(Pause)

ESTHER:

Aber die hiesige (= holländische) kirchliche Autorität hat einen Brief an die (deutsche Besatzungs–) Regierung geschrieben, in dem sie darum bittet, dasss die Befehle, unser Volk zu belästigen und zu verfolgen, zurückgenommen werden. Sie hat geantwortet, dass die christlichen Juden nicht mehr belästigt würden.

184

EDITH:

Und die jüdischen Juden? *(Pause)* Nein. Ich glaube das
nicht. Es ist schon zu spät. Das Böse hat sich wie eine
Plage verbreitet. Sie werden dennoch kommen, um
sich zu rächen. Sie ertragen keine Befehle, die nicht von
ihrem gewissenlosen Führer kommen. Genauso wie es
Haman mit deinem Onkel Mardochai und seinem Volk
gemacht hat.

ESTHER:

Die Kirche hat geblüht, aber ein grosser Teil der
Bevölkerung ist weit entfernt vom Herrn und seiner
Mutter und lehnt das Kreuz ab. Sie irrt umher und
findet keinen Frieden; zugleich ist sie Objekt von Spott
und Verachtung.

EDITH:

Und es scheint, dass das so bis zur letzten Schlacht
bleiben wird.

ESTHER:

Aber du weisst, Edith, dass die Mutter dort oben vor
dem Thron der Gnade für ihr Volk eintritt. Sie sucht
Seelen, die ihr helfen zu beten. Nur dann, wenn Israel
seinem Herrn begegnet ist, nur dann, wenn Er von
den Seinen aufgenommen wird, wird der Glanz seiner
Herrlichkeit kommen.
Und dieses zweite Kommen muss erfleht werden.

EDITH:

Nun verstehe ich, wie einst dein Auftrag darin bestand,
den Weg zu bereiten. Jetzt kommst du, um den Weg des
Reiches der Herrlichkeit zu öffnen.

ESTHER:

Du hast mich über die Königin des Karmel gerufen. Wo
könnte ich bereite Herzen finden, wenn nicht in ihrem
verschwiegenen Heiligtum? Ihrem Volk, das auch das

deine ist – dein Israel –, biete ich Schutz in meinem
Herzen, indem ich heimlich bete und Opfer bringe, um
es zur Heimat, zum Herzen Jesu zu führen.

 EDITH:

Wie erleichtert fühle ich mich durch diese Worte…

ESTHER:

Da du mich verstanden hast, kann ich gehen. Ich bin
sicher, dass du diesen Besuch nicht vergessen wirst, dass
ich dich mitten in der Nacht besucht habe.

(Klopfen an der Tür)

STIMME:

Edith Stein!

EDITH:

Und wirst Du weiterhin auf der Erde bleiben und den
Frieden Deines Volkes suchen?

ESTHER:

Ich habe schon das seelige Licht verlassen, um mein Volk
zu begleiten. Ich bin dir ähnlich, Edith. Nun brüllt
schon kein Tier mehr, das Schloss deiner Seele erstrahlt.

(Lange Pause. Edith küsst ihre Hände)

EDITH:

Jetzt müssen wir uns beeilen und alles Nötige für die
Ewigkeit tun. *(Pause)* Sehen wir uns wieder?

ESTHER:

Wenn über dem Haupt der Königin des Karmel eine
Krone von Sternen glänzt, weil die zwölf Stämme ihren
Herrn gefunden haben. Auf Wiedersehen!

*(Esther verschwindet plötzlich. Man klopft sehr heftig an die Tür. Edith
nimmt den Brief, der auf dem Schreibtisch lag, und steckt ihn in den
Mund. Die Tür wird mit Gewalt aufgestossen. Es ist dunkel)*

ENDE